AVENTURES
PARISIENNES.

AVENTURES PARISIENNES,

AVANT ET DEPUIS LA RÉVOLUTION;

Ouvrage qui contient tout ce qu'il y a de plus piquant relativement à Paris : Anecdotes, Mœurs, Travers, Théâtres, Spectacles, Histoire des Modes et des Usages, Charlatans, Trompeurs de toute espèce, Sottises, Vertus, Ridicules, Folies, etc., etc., etc.

Le tout fidèlement recueilli par l'auteur des Mille et une Folies.

TOME PREMIER.

A PARIS,

Chez MAUGERET fils, Imprimeur et Editeur, rue Saint-Jacques, N°. 38.

DUCHESNE, Libraire, rue des Grands-Augustins, N°. 20.

CAPELLE et RENAND, Libraires - commissionnaires, rue J.-J. Rousseau, N°. 6.

HÉNÉE, Imprimeur-Libraire, rue St. Sevrin, N°. 8.

DE L'IMPRIMERIE DE MAUGERET FILS.

1808.

J'AI déposé à la Bibliothèque Impériale les deux exemplaires voulus par la loi, et je déclare que je poursuivrai devant les tribunaux tout contrefacteur et débitant d'édition contrefaite.

LES MŒURS
DE PARIS,
OU
TABLEAU MOUVANT
DE CETTE GRANDE VILLE.

CHAPITRE PREMIER.

Observations générales sur Paris et ses Habitans.

On a dit, et avec raison, que tous les dix ans il serait possible d'écrire un ouvrage neuf sur Paris, cette superbe capitale, qui contient non-seulement dans son sein une population immense, mais où afflue encore tous les ans un nombre prodigieux d'étrangers.

Ce n'est point par des discours vagues, des réflexions à perte de vue, que nous nous proposons de faire connaître cette vaste cité, mais par des faits amusans et instructifs. Chaque écrivain doit avoir son caractère, son genre particulier de physionomie. Nous ne nous jetterons point dans des digressions de morale : nous raconterons tout simplement les anecdotes anciennes et nouvelles, qui peignent les mœurs des Parisiens de toutes les classes, avant et depuis la révolution, c'est-à-dire, de la plus grande partie de la France.

Cela posé, nous entrons en matière, pour ne jamais perdre de vue notre sujet.

On est fort étonné, en arrivant à Paris, par quelques-uns de ses faubourgs, de traverser des rues sales, étroites, bordées par de vilaines petites maisons; ce n'est que dans les beaux quartiers, ou sur les quais qui décorent les bords de la Seine, que l'on trouve la magnificence qu'on s'était flatté de rencontrer à chaque pas dans la célèbre capitale de l'Empire Français; alors on est frappé d'une triste vérité, dont on ne croyait pas avoir lieu de s'occuper, c'est que cette superbe cité, comme toutes les autres villes, est peuplée de riches et de pauvres; il y faut aux uns des palais, aux autres de misérables chaumières.

La révolution de 1789 a de beaucoup diminué le nombre des habitans de Paris. On le portait autrefois à 800,000 personnes; aujourd'hui il est à peine de 600,000; soit à cause de la prodigieuse émigration des nobles et de tous ceux qui tenaient à leur fortune ou à leur parti, soit parce que plusieurs propriétaires ont préféré le séjour de la campagne ou des départemens. Mais nous pouvons prédire, sans nous piquer d'être devins, que l'immense capitale ne tardera pas à réunir dans son enceinte, au delà de son ancienne population.

On a dit que le caractère des Parisiens avait beaucoup de rapport avec celui des Athéniens; frivoles et braves, légers et pleins de raison, capricieux et spirituels, railleurs et profonds, superstitieux et instruits: on a aussi remarqué la même ressemblance entre plusieurs de leurs établissemens publics : les deux principales promenades d'Athènes étaient les *Tuileries* ou *Céramiques*, ainsi nommées, parce qu'anciennement on y faisait des tuiles, comme aux *Tuileries* de Paris, dans les treizième et quatorzième siècles. Il y avait deux *Céramiques* ou *Tuileries*, l'une dans l'enceinte, l'autre hors des murs de la ville. Dans la *Céramique* externe, Platon enseignait la philosophie (1) ; on y révérait les monumens des héros morts en défendant la patrie, excepté de ceux qui avaient péri aux Thermopyles et à Marathon : ceux-ci avaient été inhumés dans les lieux témoins de leur valeur.

Les *Tuileries* situées dans la ville, et qui donnaient leur nom à l'une des sections d'Athènes, présentent un rapprochement d'une singularité piquante. Là était le palais national de l'Aréopage,

---

(1) Sous des portiques élevés dans ce monument, ou contigus à la maison d'*Academus* ; de là est venu le nom d'*Académie*.

composé de cinq cents représentans du peuple athénien, qui pendant une année exerçaient les fonctions de sénateur. Là était déposé le Code des lois, l'acte constitutionnel de la république. Là, on montrait la place où s'était opérée la révolution du pays (1).

Il n'y a ni comparaison, ni proportion, du centre de Paris avec ce qui l'entoure; aussi, l'architecte Mansard avait bien raison de dire : C'est le corps d'une hirondelle avec les ailes d'un aigle.

La population de cette immense cité, formée aux dépens des provinces, a toujours paru trop considérable, et de sages politiques ont souvent desiré la faire refluer dans l'intérieur de la France. C'est ce que faisait entendre Henri III, lorsqu'il disait que cette tête du royaume était trop grosse; qu'elle était pleine de beaucoup d'humeurs, nuisibles au repos

(1) Système de dénominations topographiques, etc., par le sénateur Grégoire.

de ses membres, et que la saignée de tems en tems lui était nécessaire.

Au reste, le parti que l'on a pris de diviser cette capitale en douze municipalités, y maintiendra la tranquillité. Selon toute apparence, les troubles et les horreurs de 1792 et 1793 n'auraient jamais eu lieu, sans le pouvoir absolu et illimité de cette commune, alors trop considérable.

La capitale, a dit un écrivain, est comparable à la tête d'un rachitique, qui grossit à mesure que les autres membres s'atténuent et s'affaiblissent.

On jouit rarement à Paris d'une température agréable et des charmes d'un beau jour. C'est ce qui donna lieu à certain plaisant de publier un petit écrit, qui n'avait guère que le titre ; le voici : *Les quatre Saisons de l'année sous le climat de Paris, Poëme en deux vers.*

LES SAISONS,

CHANT PREMIER ET DERNIER.

Dans les quatre saisons à Paris l'on essuie
De la pluie et du vent, du vent et de la pluie.

Un poëte, grand amateur de la précision, demanda que ce poëme fût réduit en un seul vers :

De la pluie et du vent, du vent et de la pluie.

Un autre poëte prétendit qu'il fallait retrancher la moitié de la ligne, et que le sujet du poëme serait alors exprimé avec une nouvelle énergie en cette sorte :

De la pluie et du vent.

Mais sans nous enfoncer dans des discussions météorologiques, revenons aux vues générales qui font la matière de ce chapitre.

Ce n'est que bien tard qu'on s'est occupé non-seulement de l'embellissement de Paris, mais des constructions et commodités nécessaires à sa nombreuse population. Il n'y a guère que trois cents ans que les eaux de la Seine arrosaient une prairie depuis le couvent des Grands-Augustins, jusqu'au pont des Tuileries. Le quai des Morfondus ou de l'Horloge, ne fut bâti qu'en 1738, par M. Turgot, prévôt des marchands. Le Louvre ne sera achevé que de nos jours, et le palais des Tuileries est encore plus magnifique qu'il ne l'était jadis.

Tous les jours, depuis quelques siècles, des embellissemens s'élèvent, se prolongent dans tous les quartiers de Paris. On a beaucoup parlé d'un malheureux qui revenant des galères à Lyon sa patrie, au bout de trente années, trouva la chaumière qui lui appartenait, métamorphosée en une superbe maison, et obtint une somme considérable de l'homme opulent qui s'était emparé de son terrein. La même chose arriva à-peu-près à Paris. Le fils d'un jardinier qui possédait dans un faubourg de cette capitale, un de ces vastes terreins soigneusement cultivés qu'on appelle *Marais*, et qui produisent des fruits, des légumes, des fleurs ; s'étant mis à faire le vagabond à la mort de son père, emportant, pour tout héritage, quelques papiers de famille, revint enfin dans sa patrie, et fut réduit à se faire décroteur à la porte d'un notaire, dont il faisait les commissions avec beaucoup de zèle. Il parla un jour des papiers qu'il avait à un des clercs; on les examina, on trouva qu'ils contenaient la preuve qu'un terrein considérable lui appartenait vers le faubourg Saint-Denis, sur lequel des moines très-riches avaient construit plusieurs bâtimens. On lui en fit avoir de grosses sommes, et le notaire lui donna en mariage sa propre fille.

Plusieurs quais superbes et des ponts viennent d'être construits depuis quelques années, entr'autres celui nommé le *Pont des Arts*, à cause de son voisinage du Palais National, appelé de la sorte (l'ancien Collège Mazarin ou des Quatre Nations.) Il est entièrement en fer. Le premier jour qu'il fut ouvert au public, en payant, on y recueillit une somme de plus de soixante-douze mille francs. Dans l'espace des dix premiers mois, ce pont en rapporta aux entrepreneurs et actionnaires 160,000. Il y passe par jour environ onze mille personnes, à un sou par tête. On se fait payer cher maintenant pour rendre service au public. Cette rétribution sera prélevée pendant cinquante ans, et ensuite le passage sera gratuit.

Le Pont-Neuf, qui n'est plus nouveau depuis plus de deux siècles, devrait bien changer de nom. Un écrivain voulait qu'on l'appelât le *Pont à neuf issues*, parce qu'en effet il y en a neuf qui y aboutissent (1).

Seize nouvelles fontaines, en attendant un plus grand nombre, coulent abondamment jour et nuit (2).

(1) Paris est maintenant embelli de trois ponts dont les arches sont en fer. Celles du pont d'Austerlitz, en face du Jardin des Plantes, ont cent pieds d'ouverture. On y passe depuis le premier janvier 1806, en payant un sou par personne. Les voitures et les chevaux y circulent aussi. Il y en aura bientôt un quatrième en face de l'École Militaire.

(2) C'est-à-dire que telle est l'intention de

M. le préfet du département a fait décorer la façade des maisons, en 1805, de numéros placés et peints d'une manière très-commode et très-visible; mais peut-être sont-ils trop élevés en certains endroits. Les nombres pairs sont d'un côté de la rue, et les nombres impairs sont de l'autre; ce qui met à même de trouver aisément le numéro dont on a besoin. On a aussi eu l'attention de peindre les chiffres en rouge dans les rues qui sont parallèles à la rivière, et en noir dans celles qui lui sont horizontales, ou qui viennent y aboutir; ainsi désormais les étrangers ne craindront plus de s'égarer dans cette grande ville.

Une compagnie de capitalistes, en 1788, présenta au ministre de Paris un plan, au moyen duquel il serait pris, au-dessous de Charenton, une dérivation de la Seine, pour en former un canal de navi-

l'auguste bienfaiteur; mais elle n'est pas encore remplie : la plupart de ces fontaines manquent presque d'eau.

gation qui longerait le faubourg Montmartre, et se rendrait par la ligne la plus courte, au-dessous de Saint-Germain. Tous les bateaux qui remontent la rivière, et qui perdent un tems infini à parcourir ses sinuosités, gagneraient infiniment à l'exécution de ce beau projet, ainsi que les villages qui se trouveraient à portée du canal, et qui s'en serviraient pour transporter à beaucoup moins de frais leurs denrées dans la capitale.

A la même époque, il était question aussi de tirer une dérivation de la rivière d'Oise, pour l'amener directement à Paris, sans aller faire un long détour à Conflans-Sainte-Honorine, pour remonter ensuite la Seine. Ce projet serait fort utile au commerce que la Picardie (la Somme) fait avec Paris.

Parmi les grands projets dignes d'immortaliser ce siècle, on doit compter sur-tout, celui de faire communiquer le Rhin avec Paris, par les rivières de Zorn, Sarre, Seille, Meurthe, Moselle,

Meuse, Ornain, et Marne. Ce canal aurait 140 lieues de long, dont cent vingt-une de riviéres naturellement navigables, 16 lieues de riviéres et ruisseaux à rendre tels, et trois lieues seulement qu'il faudrait percer. Il aurait 60 à 72 pieds de large sur 10 ou 12 de profondeur. Il ne coûterait au gouvernement que des concessions qui ne sont d'aucun produit.

L'auteur de ce projet, M. Prault-Saint-Germain, offre même un crédit de douze millions, payables après l'achèvement des travaux.

Si, dans la suite, on fait communiquer le Rhin au Danube, on pourra se promener de Paris à Constantinople, en bateau, comme on va de Paris à Saint-Cloud.

On assure que la jonction du Rhin avec la Marne et la Seine avait déjà existé, et qu'en l'an 885, des peuples du Nord vinrent par ce canal, assiéger Paris, avec 700 voiles.

Les rues de Paris ne sont point susceptibles d'être ornées de trotoirs, ainsi que plusieurs personnes se l'imaginent ; la multiplicité de ses portes cochères y met un obstacle presque insurmontable : au-lieu qu'à Londres le devant uniforme des maisons ne présente que des espèces de portes d'allée, les écuries et les remises étant sur les derrières.

On sait que la rivière de l'Ourque ne tardera pas à être conduite jusque dans l'immense capitale, où elle augmentera la masse d'eau si nécessaire à une si grande ville. NAPOLÉON, qui veut joindre à ses immortels lauriers, la gloire d'embellir Paris par de superbes monumens, nous accoutume à lui voir opérer des prodiges en tous genres.

Un ambassadeur du roi de Naples, le comte de Carraccioli, ne pouvait se consoler de quitter la France, quoique ce fût pour aller occuper la place de vice-roi de Sicile ; il disait que de toutes les places du monde, celle qu'il aimait le mieux était la place Vendôme (1).

Le prince Henri, frère du Grand-Frédéric, roi de Prusse, en quittant la capitale, dit au duc de Nivernais, en 1784 : « J'avais passé la plus grande partie de ma vie à desirer de voir Paris; j'en vais passer le reste à le regretter. »

Il faut pourtant convenir qu'il reste encore bien des choses à faire pour l'embellissement et la salubrité de Paris. C'est avec autant d'étonnement que de dégoût qu'on voit des boucheries et des tueries dans plusieurs rues de cette capitale, infectées par les miasmes qui s'en élèvent; les ruisseaux regorgent de sang, ainsi que le pavé, et l'on y pose le pied en frémissant d'horreur. Ce n'est pas tout; souvent le bœuf qui va être frappé du coup mortel, brise ses liens, et s'échappe en fureur dans les rues; il court, brise, renverse tout ce qui se présente, et foule souvent à ses pieds

(1) L'une des plus belles de Paris. Que dirait-il donc s'il la voyait aujourd'hui !

des femmes et des enfans. On le ressaisit; une lourde massue lui brise le crâne; un large couteau lui fait au gosier une plaie profonde; son sang coule à gros bouillons et fuit avec sa vie. Mais ses douloureux gémissemens, ses membres qui tremblent et s'agitent par de terribles convulsions, ses débattemens, ses abois, les derniers efforts qu'il fait pour s'arracher à une mort inévitable, tout annonce la violence de ses angoisses et les souffrances de son agonie. Voyez son cœur à nu qui palpite affreusement, ses yeux qui deviennent obscurs et languissans. Des bras ensanglantés se plongent dans ses entrailles fumantes, un soufflet gonfle l'animal expiré, et lui donne une forme hideuse; ses membres partagés sous le couperet vont être distribués en morceaux, et l'animal est tout-à-la fois enseigne et marchandise(1). Tout le monde ne pense pas comme ce Caraïbe, transporté autrefois dans Paris, qui après en

(1) Mercier, *Tableau de Paris*.

avoir vu toutes les beautés, dit qu'il n'avait rien trouvé de si charmant que la rue des Boucheries-Saint-Germain, où des veaux et des moutons écorchés et palpitans, des membres de bœuf nouvellement tués, forment le spectacle le plus hideux, mais que ce Caraïbe ne pouvait se lasser de contempler avec plaisir.

L'Empereur NAPOLÉON LE GRAND, qui a fait terminer le Louvre, resté imparfait pendant le règne de tant de rois, et qui a fait élever tant de monumens superbes et utiles, ordonna, en 1807, que quatre grandes tueries fussent construites dans Paris, pour débarrasser la capitale des quarante tueries existantes, qui donnent lieu à des accidens, et sont nuisibles à la santé et à une bonne police.

En bien des choses, nous serons encore pendant long-tems des barbares. C'est avec une extrême lenteur que nous parvenons à améliorer nos demeures, et que nous faisons disparaître les moindres abus.

Un capitaine nommé La Fleur inventa

le nétoiement des boues de Paris, vers 1600; il les fit enlever pendant un an et demi sans rien demander aux habitans, et se contenta ensuite de prélever sur chaque maison une taxe trèsmodique. Mais au mois d'août 1609, il s'avisa de l'augmenter considérablement, et d'en exiger le paiement par force. Cet acte arbitraire excita une émeute dans Paris. Henri IV en ayant été averti, chargea le lieutenant-civil d'examiner cette affaire, et lui ordonna de saisir l'argent de la recette. On rendit à chaque bourgeois ce que le capitaine La Fleur avait exigé de trop au-delà des anciens rôles.

La police ne saurait prendre trop de précaution pour rendre salubre une cité aussi vaste et aussi populeuse. M. Makintosh, célèbre voyageur anglais, prétend que la capitale de France couvre un espace qui n'est pas les deux tiers de celui qu'occupe la ville de Londres. Mais il est dans l'erreur; cette dernière ville

a beaucoup moins d'étendue. Il est bien plus exact dans ce qu'il ajoute sur la population de Paris, supérieure à celle de la métropole anglaise. « La hauteur
» des maisons, dit-il, et le nombre des
» familles des classes mitoyennes et infé-
» rieures qui habitent chaque étage, et
» par dessus tout, la multitude de gens
» entassés les uns sur les autres, dans les
» quatrièmes, cinquièmes et sixièmes
» étages, prouvent sûrement que la ville
» de Paris contient un plus grand nombre
» d'habitans que celle de Londres, dans
» laquelle chaque maison ne contient
» pas plus de cinq ou six personnes.
» Nous devons encore observer que l'on
» trouve à Londres une quantité de mai-
» sons vides, ce qui est fort rare à Paris. »

Les Anglais aiment à donner aux choses publiques un air de grandeur et de magnificence. Londres est parfaitement éclairé la nuit ; rien de plus magnifique. Les lampes, qui ont trois et même quelquefois quatre branches, sont renfermées dans des globes de crystal, et fixées sur des poteaux à une très-petite distance les uns des autres (environ à six pieds). Dès que le soleil est couché, on les allume en hiver comme en été, soit qu'il y ait clair de lune ou qu'il n'y en ait pas (1). La seule rue d'Oxford, longue de deux lieues, a plus de lampes que toute la ville de Paris, dit un historien. Les grandes routes même à sept ou huit milles à la ronde en sont garnies, et comme elles sont très-nombreuses, l'effet en est surprenant, sur-tout dans le comté de Surrey où quantité de chemins viennent se croiser. Les boutiques de Londres restant ouvertes jusqu'à dix heures du soir et parfaitement éclairées, cette réunion de la lumière des rues et

(1) Il est bon d'avertir la police de Paris, que depuis quelques années, les entrepreneurs de l'illumination de cette capitale, font paraître une lésinerie tout-à-fait choquante et inconvenable ; les réverbères ne sont allumés qu'une heure après la fin du jour, et ils semblent mettre si peu d'huile, qu'il en résulte une clarté très-faible.

de celle de l'intérieur des maisons forme un spectacle ravissant. Le prince de Monaco, après le décès du duc d'Yorck qui mourut chez lui à Paris, se rendit en Angleterre, à la prière du roi George. Il était déjà tard quand il arriva à Londres. Frappé de ce spectacle magnifique, il crut que cette brillante illumination était le commencement des honneurs qu'il allait recevoir ; il ne lui vint pas dans l'idée qu'il fût possible qu'elle eût lieu tous les soirs. Cette erreur de ce prince fut divulguée et donna matière à toutes sortes de plaisanteries (1).

On raconte aussi que le général des

---

(1) Le prince de Monaco a protesté que cette anecdote était fausse. Elle est rapportée dans le *Tableau de l'Angleterre et de l'Italie*, par M. d'Archenholz, ancien capitaine au service du roi de Prusse, 3 vol. in-12, 1789. On sait que la reine Christine, quand elle entra dans Rome, crut que c'était pour lui faire honneur que jaillissaient les eaux des superbes fontaines du Vatican, qui jour et nuit semblent vomir les eaux du Tibre.

capucins arrivant un soir à Paris du côté du Pont-Royal, et voyant l'illumination des quais du Louvre et des Théatins, crut fermement qu'on avait éclairé la ville pour célébrer son entrée.

Au reste, l'illumination des rues n'est pas une invention moderne. Ammien-Marcellin rapporte qu'Antioche était éclairée la nuit par des lanternes disposées dans les rues à une égale distance, et que leur lumière égalait celle du plus beau jour.

Les rues de Paris ne sont éclairées la nuit que depuis l'année 1666.

Véronne est la seule ville d'Italie où l'on allume la nuit des réverbères. Croirait-on qu'à Rome et à Naples cet usage n'est point encore établi? On n'y jouit que de la pâle clarté de quelques lampes qui brûlent devant l'image d'une madone. Dès qu'il fait nuit, on n'ose plus se risquer dans les rues sans porter des lanternes ou des torches; et lorsque le vent ou la pluie viennent à les éteindre, ce qui arrive souvent, on est réduit à chercher son chemin à tâtons.

Étrangers qui accourez en foule à Paris, ne vous attendez pas qu'il vous sera possible de rendre un religieux hommage aux maisons illustrées par nos grands hommes, par les chefs d'œuvres immortels qu'y enfantèrent les Corneille, les Racine, Bossuet, Boileau, La Fontaine, etc. On n'a point daigné conserver la mémoire de ces temples des arts et des muses. On sait seulement que le poète J.-B. Rousseau naquit rue des Noyers, en face de celle Saint-Jean-de-Beauvais, dans une boutique qu'occupait alors son père, maître cordonnier.

On s'étonnait que Paris ayant eu l'avantage de voir naître dans ses murs le célèbre Molière, rien n'indiquât la maison qui fut le berceau de ce grand homme. Mais depuis le 13 brumaire an 8 (1799), par les soins de l'estimable M. Lenoir, conservateur au dépôt national des monumens des arts, il a été placé au-dessus de la troisième boutique à gauche, sous les pilliers des Halles, en entrant par la rue Saint-Honoré, un marbre blanc avec cette inscription :

C'EST DANS CETTE MAISON
QU'EST NÉ,
EN 1620,
JEAN-BAPTISTE POQUELIN DE MOLIÈRE.

Sur la façade de cette maison, n°. 3, on vient d'élever le buste en bronze de ce grand homme; ce qui a donné lieu à l'ignorant propriétaire de s'en faire une enseigne, et d'écrire ces mots ridicules à côté du buste vénérable: *A la tête noire*.

Ce grand homme demeura rue de Condé, près du théâtre aujourd'hui nommé l'Odéon. Un poète proposa l'inscription suivante pour être placée au-devant de cette maison :

Ici vécut Molière; honorons ce séjour ;
Thalie à ses amans en a donné l'exemple :
Oui, c'est pour le voir chaque jour
Qu'elle-même, si près, elle a placé son temple.

Voici

Voici ce qu'on lit dans les Mémoires de la célèbre actrice Hippolyte Clairon :

« On me parla d'une petite maison rue des Marais, faubourg Saint-Germain, dont le loyer était de 1200 livres. On me dit que Racine y avait demeuré pendant quarante ans avec toute sa famille ; que c'était là qu'il avait composé ses immortels ouvrages, et là qu'il était mort ; qu'ensuite la touchante Lecouvreur l'avait occupée, ornée et qu'elle y était morte aussi. »

Mademoiselle Clairon vint avec empressement demeurer dans cette maison, où elle habita pendant plusieurs années.

L'air diffère à Paris, dit Saint-Foix, suivant les divers quartiers de cette grande ville. L'air de Sainte-Géneviève, comme le plus élevé, est le plus subtil et le plus délié ; celui des quais, comme le plus voisin de la rivière, est le plus grossier et le plus aqueux. Celui du Luxembourg tient le milieu. Une poitrine grasse et flegmatique se trouvera bien de l'air qu'on respire aux environs de Sainte-Geneviève, et fort mal de celui des quais.

Cet auteur aurait dû ajouter qu'on a plus ou moins d'esprit selon le quartier qu'on habite dans Paris. En effet, on a observé que dans la rue Saint-Jacques et aux environs on est disposé à aimer et à cultiver les sciences et les lettres : dans les rues Saint-Honoré et Saint-Denis on a l'âme mercantile et tournée au commerce. Dans le Marais on est lourd et pesant : le faubourg Saint-Germain rend les esprits légers et subtils ; à la Chaussée d'Antin on est plus porté qu'ailleurs aux spéculations de banque.

Le faubourg Saint-Germain, avant la révolution de 1789, était la résidence des grands. Ils étaient aussi mornes que leurs hôtels : un profond silence tenait à leur étiquette. Un valet-de-chambre, moitié lisant, moitié bâillant, se levant avec peine, annonçait comme par grâce l'homme sans fortune. Enfin on le recevait; enfin on daignait lui dire : Je pense à vous...... je parlerai. A peine avait-il le dos tourné, qu'on ne songeait déjà plus à lui (1).

On distinguait parfaitement le cocher d'une courtisane et celui d'un président, le cocher d'un duc d'avec celui d'un financier. A la sortie du spectacle, vouliez-vous savoir au juste dans quel quartier allait se rendre tel équipage ? il vous suffisait d'écouter l'ordre que donnait le maître au laquais, ou plutôt que celui-ci rendait au cocher. Au Marais on disait: *au logis ;* dans l'île Saint-Louis, *à la maison ;* au faubourg Saint-Germain, *à l'hôtel ;* et dans le faubourg Saint-Honoré, *allez.* On sent tout ce que ce dernier mot avait d'imposant (2).

Aujourd'hui on dit tout simplement, *à*

---

(1) *Paris en miniature.* Ceci peut encore trouver son application.

(2) *Tableau de Paris*, par Mercier.

la maison; bientôt on dira, *à l'hôtel;* et l'on ne tardera pas à dire, *au palais.*

Le caractère, les mœurs du parisien, dit le citoyen Audin-Rouvière, ont des nuances si variées qu'il n'est guère possible que la peinture d'une année ressemble à celle de l'année suivante. On voit facilement que la Révolution a beaucoup influé sur le moral du parisien; en changeant ses habitudes sociales, elle n'a pas altéré absolument l'essence de son caractère primitif; il aime les talens, il a de l'esprit et des lumières en tout genre; idolâtre des arts dont Paris sera toujours le centre, il les cultive avec succès, et apprécie avec discernement les artistes célèbres que la considération publique et les récompenses du Gouvernement soutiennent dans cette capitale. Le parisien unit au flegme qui caractérise les citoyens des départemens du nord, cette vivacité et cette finesse dont sont doués ordinairement les heureux habitans d'un climat toujours pur et serein.

On trouvait autrefois à Paris, encore plus souvent qu'aujourd'hui, de ces hommes plus faits pour l'amusement et les liaisons de société, que pour le commerce d'une vraie amitié. Le parisien de l'année 1788 était l'être de la terre qui avait le plus de jouissances et le moins de regrets. Léger, frivole, ne s'attachant à rien fortement, il oubliait avec la même facilité; faible par caractère, esclave par habitude, il semblait que rien ne pouvait lui inspirer le courage et l'énergie nécessaires pour briser les liens qui le tenaient asservi; il avait tous les vices de la faiblesse; et en même tems qu'on trouvait en lui cette gaîté qui le distinguait, et le rendait agréable aux yeux de l'étranger, le peuple était de la plus grande indifférence, et dans une espèce d'insouciance sur ses intérêts politiques.

La révolution de 1789, lit-on dans un autre ouvrage, doit occasionner bien des changemens. La langue perdra même plusieurs de ses expressions. Un malhonnête homme n'aura plus *d'affaires d'honneur. Les tours de bâton, pots-de-vin, revenans-bons*, etc. etc. rentreront sous la dénomination générale de *friponneries*. Une *dette d'honneur* ne signifiera plus ce qu'on doit à son égal, pour avoir perdu avec lui au jeu, de préférence à ce qu'on doit au boulanger pour avoir mangé son pain.

Dès qu'on est sur le pavé de Paris, on voit bien que le peuple n'y a point fait les lois; aucune commodité pour les gens de pied, point de trotoirs, comme à Londres et à Madrid. Le peuple semble un corps séparé des riches ou de ceux qui occupent les places.

Tout est confondu dans l'immense capitale; on est étranger à son voisin, et l'on n'apprend sa mort que par le billet d'enterrement, ou parce qu'on le trouve exposé à la porte quand on rentre le soir. Aussi les parens les plus proches, lorsqu'ils sont brouillés, quoique demeurant dans la même rue, sont à mille lieues l'un de l'autre. Voulez-vous passer pour un homme d'importance, voulez-vous mener la vie de garçon, tandis que vous êtes marié ? desirez-vous être répandu, ou vivre seul comme un ours ? venez habiter Paris : personne ne prendra garde à votre façon de vivre ni à votre conduite.

Il faut dans Paris des personnages de tous les tons, de tous les genres ; chacun y trouve sa place, jusqu'aux empiriques, jusqu'aux chansonniers, jusqu'aux filles de moyenne vertu.

Un orgueil puéril se répand dans tous les états, et élève une barrière entre les divers corps d'artisans ; chacun d'eux se pavane et jouit d'une prééminence imaginaire. Un tailleur à la mode, employé par les plus grands seigneurs, se fit faire une perruque par un homme très-fameux dans l'art de la coiffure artificielle. Quand le maître perruquier, extrêmement en vogue, eut apporté et posé son chef-d'œuvre, le tailleur lui demanda avec gravité, combien il lui fallait. « Je ne veux point d'argent. — Comment? — Non; vous êtes aussi habile dans votre art que je le suis ▮▮ le mien: Eh bien, que vos ciseaux me coupent un habit. — Vous vous méprenez, mon cher; mes ciseaux et mon aiguille, consacrés à la cour, ne travaillent pas pour un perruquier : — Et moi, reprit l'autre, je ne coiffe pas un tailleur. » Joignant le geste à la parole, il lui arracha la perruque de dessus la tête, et sortit précipitamment.

Le domestique d'un seigneur rencontrant un de ses camarades qui venait d'écrire une lettre, et qui avait encore sur sa veste un peu de poussière à mettre sur le papier, lui dit avec dédain et d'un ton avantageux : « Secoue donc cette
» poudre, on te prendrait pour un
» commis. »

On a justement observé qu'il n'y a

point à Paris de petit métier, quelque médiocre qu'il soit, qui ne puisse être lucratif, et même enrichir son maître. Aussi y voit-on des fortunes dont on est loin de soupçonner l'origine, et des personnes très-pauvres en apparence, y jouissent-elles en secret d'une fortune considérable. Un sonneur tout déguenillé, qui, chaque matin, par le bruit de sa clochette, avertissait les servantes de son quartier de balayer la rue, n'était pas plutôt rentré chez lui, qu'il jetait ses haillons, son bonnet crasseux, mettait une belle perruque ronde, bien frisée et bien poudrée, endossait un habit noir fort propre; et la montre dans son gousset, une canne à pomme d'or à la main, il allait prendre sa tasse de chocolat, et politiquer au café du Caveau. Eh! comment croyez-vous qu'il fût logé? Il avait quatre ou cinq pièces de plein-pied, frottées et en couleur, garnies de meubles élégans, décorées de glaces, de girandoles, de lustres. Mais personne n'entrait chez lui; il affectait d'être misérable, et sortait par une porte de derrière pour aller jouer, dans un autre quartier, le rôle d'un bon bourgeois. Cet homme, long-tems laquais d'un commissaire de police, avait été gardien de scellés, et sut trouver moyen de s'approprier un nombre infini de bijoux, de riches effets, etc.

Nous croyons inutile de parler ici du donneur d'eau bénite de l'église cathédrale, qui prêta deux mille écus à un honnête jenne homme qu'il voyait fort assidu à la messe, et le maria ensuite à sa fille, qui eut une dot de cent mille francs. Nous observerons seulement qu'il y avait, vers 1780, un décroteur sur le Pont-neuf, qui s'était fait quinze cents livres de rente, et avait marié richement sa fille à un marchand de la rue Saint-Honoré: cet homme, accoutumé à son métier, ne put se résoudre à le quitter qu'accablé de vieillesse.

N'avons-nous pas vu un ancien joueur de Marionnettes, le sieur N***, s'enrichir à son spectacle du boulevard, et posséder, sans que personne s'en doutât, cinquante mille livres de rente ?

Un pauvre manœuvre eut le bonheur de faire fortune par un coup singulier du hasard. Comme il passait par certaine rue, une vieille femme l'arrêta, le fit monter à un quatrième étage, et lui ordonna de sceller dans le mur un pot de grès assez pesant. Dix-huit mois après, passant dans la même rue, il apperçut un de ces écritaux mobiles, qui pendent si souvent devant plusieurs maisons, et il lut : *chambre à louer présentement.* Il entra dans la maison, et demanda quelle chambre était vacante : celle du quatrième, lui répondit-on ; une pauvre femme qui l'occupait vient de mourir ; on a vendu son lit pour faire les frais de son enterrement. Le manœuvre loue cette chambre ; dès le lendemain il y transporte quelques meubles, et enlève tout à son aise de la muraille le pot de grès où la femme avare avait caché son or. A quoi lui avait-il servi ? Il fut du moins infiniment utile à ce misérable maçon, qui en acheta des propriétés, devint riche, et fut un bon père de famille (1).

Les états qui font aujourd'hui promptement fortune dans la capitale, sont les banquiers, les notaires, les maçons ou entrepreneurs de bâtimens, les charlatans, les comédiens, et une partie de ceux qui professent les arts agréables, tels que les musiciens, les maîtres de danse, etc.

A Paris sont ces écrivains qui moissonnent et vendangent avec leurs plumes, qui ont dans leur écritoire toutes leurs terres et toutes leurs rentes : tels ont été les deux Corneille, leur neveu Fontenelle, Crébillon, Jean-Baptiste et Jean-Jacques Rousseau, Boissi, Marivaux,

(1) Il chercha sans doute, en vain, les héritiers de la défunte. (*Note de l'Éditeur.*)

Mercier, etc. La province imagine qu'on ne peut être bon auteur que dans la capitale, et pense très-défavorablement de l'homme de lettres qui s'en éloigne.

Il n'est pas étonnant que le bois à brûler commence à devenir rare dans Paris, vu la prodigieuse quantité qui s'en consomme chaque année, mais plus par luxe que par nécessité. Autrefois les maisons les plus riches n'avaient que deux feux, celui de la cuisine et celui du maître; actuellement il faut du feu pour les laquais, pour les valets-de-chambre, pour les femmes-de-chambre, pour la salle à manger, pour le salon, pour l'appartement de monsieur, pour celui de madame, etc. Les domestique, de leur côté, semblent se faire un point d'honneur de brûler une quantité prodigieuse de bois. Le duc de **** s'étant avisé d'entrer la nuit dans sa cuisine, fut fort étonné d'y trouver un très-grand feu, et de voir un petit savoyard qui y jetait des buches à tout moment. Que fais-tu là, lui dit-il? — Monseigneur, répondit ingénuement l'enfant, je fais de la cendre, par ordre de monsieur votre sous-chef de cuisine; cette cendre lui est achetée par le blanchisseur chargé du linge de la maison.

Le luxe confond à Paris tous les états; le simple artisan est aussi bien mis que le riche citadin; les femmes sur-tout ne s'y appliquent qu'à être aussi élégantes les unes que les autres. Il semble qu'on ne se plaise qu'à s'y montrer en habit de masque. Un nouvel arrivé n'a pas peu de peine à distinguer l'homme couvert d'un faux éclat, d'avec celui qui ne cherche point à tromper par un brillant extérieur. Il faut être bon physionomiste, ou bien instruit des métamorphoses qu'opère l'envie d'en imposer aux yeux et de paraître plus riche, plus respectable qu'on ne l'est en effet.

Un jeune provincial eut lieu d'en faire l'expérience quelque tems avant l'époque de la Révolution; l'illusion qu'il éprouva à son arrivée à Paris, lui fit commettre plusieurs méprises tout-à-fait singulières. Il venait, muni d'un grand nombre de lettres de recommandation, solliciter un emploi, qu'il se flattait d'obtenir aisément.

Un jour qu'il était dans l'antichambre d'un financier, zélé protecteur de tous les gens de mérite, quoiqu'il ne rendît jamais service à personne; il vit entrer un jeune homme en habit d'écarlate, ayant à ses souliers de larges boucles à pierres, et frisé avec prétention; la manière fière et dédaigneuse avec laquelle se présentait ce personnage, le soin qu'il avait de faire briller un gros diamant qu'il portait au doigt, et d'agiter en marchant les nombreuses breloques de sa montre, lui persuadèrent que tant d'élégance annonçait un homme fort important. Prévenu de cette idée, il se leva rempli de respect, et comme l'inconnu jeta par hasard les yeux de son côté, le provincial s'empressa de lui faire une profonde inclination, qu'on lui rendit par un léger mouvement de tête. C'est pour le moins un marquis, se disait-il en lui-même ; voyez comment il répond à ma politesse, à peine daigne-il me regarder.

Tandis qu'il se tenait humblement debout, n'osant s'asseoir en la présence de ce grand seigneur, le financier sortit de son cabinet, et l'homme à l'habit d'écarlate s'approcha d'abord d'un air assez familier, ce qui confirma davantage le provincial dans l'opinion qu'il avait conçue. « Monsieur, dit-il au financier, » avez-vous pris la peine de lire le menu » pour le souper de demain ? Voulez-» vous que j'ajoute aux entrées des pou-» lets à la tartare, des perdrix au vin de » champagne ? » Jugez de la surprise du provincial : cet homme, qu'à ses manières, à son élégance, il avait cru tout au moins un marquis, n'était qu'un simple cuisinier.

Une autre fois qu'il se trouvait chez une

duchesse qui lui ayait fait les plus belles promesses, et que, selon la coutume des protégés, il attendait dans l'antichambre qu'on daignât lui donner audience, il vit entrer une dame habillée magnifiquement, qui avait des boucles d'oreilles en brillant, un collier à chaînettes d'or, de superbes bracelets. Il ne douta point qu'il eût l'honneur de voir une princesse, et la salua avec beaucoup de respect. Ses profondes révérences attirèrent l'attention de la dame; et il s'imagina qu'elle lui procurerait la protection intime de la duchesse. Il se confirma de plus en plus dans cette idée, lorsque la brillante dame s'approcha de lui d'un air riant, et lui demanda s'il la connaissait. Je n'ai point cet honneur, répondit-il en redoublant ses courbettes; mais je sais à quoi le devoir m'oblige envers une personne telle que vous, Madame.— Vous me paraissez extrêmement poli, répliqua-t-elle; si je puis vous rendre service, je m'y emploierai volontiers. Enchanté de la nouvelle protection que lui envoyait son heureuse étoile, il se perdait dans une infinité de remercîmens, quand on les avertit tous deux d'entrer dans le cabinet de toilette. Aussitôt que la duchesse apperçut la prétendue grande dame, elle lui demanda, d'un ton d'impatience, si elle lui apportait enfin des dentelles au prix qu'elle en desirait. Cette femme si pimpante, que notre provincial croyait du plus haut rang, n'était qu'une marchande à la toilette.

Il fit un jour une méprise encore plus singulière. On lui avait intenté un procès qui l'obligeait de voir des avocats, et même de solliciter ses juges, selon l'antique coutume des plaideurs. Il attendait audience à la porte du cabinet d'un magistrat égoïste, dur et hautain; un homme vêtu de noir, affublé d'une belle perruque, se donnant tous les airs d'un personnage important, se promenait d'un air fier dans l'antichambre. Malgré les plaisantes erreurs dans lesquelles il était

déjà tombé, il eut la simplicité d'être encore la dupe des apparences. Cet homme-là, dit-il en lui-même, m'a tout l'air d'un magistrat très-versé dans la science du barreau. Je suis certain que je ne me trompe point ; voyez comme il paraît méditer profondément sur quelque point épineux de notre jurisprudence. Il faut que je l'aborde et prenne la liberté de le consulter sur mon affaire. Après avoir tenu ce petit conseil intérieur, il s'avança vers celui qui lui semblait pour le moins un Barthole, et lui dit avec respect :
« Monsieur, on devine aisément votre
» grande habileté.— Je suis charmé, ré-
» pondit l'inconnu, que vous ayez l'art
» d'être physionomiste. Certainement je
» ne serais point ici sans la réputa-
» tion que je me suis faite ; car M. le
» président ne voit, n'occupe, n'estime
» que des gens d'un vrai mérite. Je puis
» le dire sans vanité, je n'ai que l'amour-
» propre qu'inspirent naturellement des
» talens distingués. Voyons, quelle preuve

» desirez-vous de mon savoir ? Vous
» plairait-il que, sans autre examen, je
» vous porte dès demain des bottes qui...
» — Ah ! Monsieur, ce ne serait point à
» moi, mais à une personne dont j'ai
» beaucoup à me plaindre ; elle est digne
» que vous ne négligiez rien pour lui
» montrer toute votre science. — Com-
» ment diable ! vous êtes bien généreux ;
» indiquez-moi sa demeure, afin que
» j'aille prendre avec soin mes mesures :
» j'excelle sur-tout dans les formes. »
Dans cet instant le cabinet de M. le
président s'ouvrit, et il fut libre d'y pénétrer. Notre provincial s'avance, et il
voit l'homme qu'il avait érigé en juris-
consulte se jeter à genoux et tirer quelque chose de sa poche ; il regarde tout
étonné......ô surprise ! c'était une paire
de souliers, que le prétendu Barthole se
mit à chausser au magistrat.

Il ne fut point encore guéri de la manie de juger les gens sur l'apparence.
Introduit dans une maison très-somp-

tueuse, dont le maître, personnage fastueux, tenait des bureaux, donnait des audiences, promettait sa protection, des emplois, des places, comme s'il avait été un ministre. Notre provincial n'eut pas de peine à se persuader qu'il avait pour le coup l'honneur de connaître un seigneur des plus qualifiés, et qu'il lui serait redevable d'une fortune éclatante. J'avoue que tout contribuait à l'induire en erreur; il voyait tous les jours les antichambres de ce personnage remplies d'une foule de supplians de tout état, qui s'empressaient d'obtenir quelque promesse favorable. Enfin, un jour, lorsqu'il s'y attendait le moins, se dissipa l'illusion du provincial. L'important personnage le prit en particulier, et lui demanda vingt-cinq louis. Extrêmement surpris d'une pareille demande, le provincial voulut savoir sur quoi elle était fondée. « N'est-il pas vrai que vous sollicitez un » emploi? répondit l'espèce de ministre. » —Sans doute; et les assurances de mes

» protecteurs, ainsi que vos offres gra-
» cieuses, jointes au tems qui s'est écoulé
» depuis que je languis dans une mortelle
» attente, me font espérer d'être bientôt
» au comble de mes vœux. — C'est di-
» rectement pour cela, mon cher, que
» je vous demande vingt-cinq louis, par-
» ce que vous devez être certain que je
» vous procurerai un bon emploi. — Mais
» je ne comprends rien à ce que vous
» me faites l'honneur de me dire. Com-
» ment est-il possible qu'un grand sei-
» gneur, qu'un ministre ait besoin qu'un
» pauvre diable qu'il protége lui donne
» vingt-cinq louis ? — Je ne suis point ce
» que je vous ai paru ; je ne suis qu'un
» solliciteur de grâces, dont il est naturel
» de payer les peines et les démarches.
» J'ai des bureaux pour enregistrer les
» noms de ceux qui se présentent, et
» pour ma correspondance épistolaire.
» Je me fais trente à quarante mille liv.
» de rente, et je vous jure que je dépense
» au-delà, soit pour entretenir autour de

» moi un air d'opulence qui me fasse
» considérer, soit pour faire des présens
» aux maîtresses, aux laquais des grands,
» aux intrigantes titrées, près desquelles
» je suis contraint de solliciter. » Notre provincial, confondu de ce qu'il venait d'entendre, s'excusa de contribuer au luxe de cet homme, en alléguant qu'il attendait chaque jour des fonds de son pays.

Impatienté d'être sans cesse exposé à de nouvelles méprises, il se hâta de quitter Paris, où la politesse n'est que fausseté, la vertu, qu'un voile adroit jeté sur les vices, et où le luxe et la parure confondent tous les états.

CHAPITRE II.

Des Parasites, et des Repas.

On comptait avant la Révolution dans Paris plus de dix mille parasites, qui ne vivaient qu'en piquant la table des riches et de quelques grands seigneurs, les uns par nécessité, les autres par fainéantise; et de nos jours on peut soupçonner que leur nombre n'est point diminué. Ce sont eux qui répandent l'agrément et une douce joie à la table de nos parvenus et des amis de la société. Combien de repas, sans leur secours, seraient tristes et maussades, et que d'époux et de maris dîneraient ou souperaient sans appétit dans un ennuyeux tête-à-tête!

Voici, selon M. Mercier, un parasite d'une nouvelle espèce, qui trouvait moyen de faire bonne chère sans même être invité. Un homme dont le revenu suffisait

suffisait à peine pour monter sa garderobe, et qui était aussi gourmand que peu fortuné, avait imaginé un singulier expédient pour être de nôce toute sa vie. Habillé de noir fort proprement, il était assidu chaque matin, tantôt à Saint-Eustache, à Saint-Sulpice, à Saint-Roch, ou à Saint-Paul, enfin alternativement dans toutes les grandes paroisses ; et quand il voyait un mariage dont le cortège était un peu nombreux, il se mêlait parmi la foule des parens et des amis : il avait bien souvent à choisir. Les parens du mari, qui l'avaient vu à la messe, croyaient notre étranger du côté de la femme ; tandis que les parens de la femme le croyaient du côté du mari. Il faisait donc grand'chère sans être connu de personne, n'ayant eu d'autres soins que de donner la main aux dames, de découper avec grâce, en distribuant de part et d'autre quelques légers complimens. Ce genre de vie durait depuis plusieurs années sans aucun trouble, lorsque le hasard fit rencontrer notre parasite public avec un homme qui se ressouvint de l'avoir vu à trois mariages différens, et qui, au moment du dessert, s'avisa de lui demander tout haut de quel côté il était: *du côté de la porte*, répondit-il en se levant et posant sa serviette sur la table.

Il est étonnant combien le temps consacré aux repas a varié à Paris depuis quelques siècles. L'heure du dîner, au XIVe. siècle, à la cour de Charles V, était à dix heures du matin; on y soupait à cinq, et la Cour était couchée à neuf heures en hiver et à dix en été. Sous Louis XIII et sous Louis XIV on dînait régulièrement à midi. Aujourd'hui on dîne à cinq, même à six heures du soir. Les spectacles, les visites, les amusemens de société ne commencent guère avant l'heure où l'on allait autrefois se coucher. Quand les gens en place se mettent à table, à Paris, pour dîner, on goûte dans la bourgeoisie, on soupe dans les pensions de jeunes demoiselles qui ont succédé aux couvens, et on se couche dans les hôpitaux (1).

Si plusieurs personnes dînent actuellement à cinq ou six heures, c'est moins parce qu'elles sont de bureau, ou attachées à quelque fonction publique, que par économie ; c'est afin de ne point souper.

Il est des parasites qui s'introduisent dans toutes les maisons, et qu'on y voit même arriver sans peine. Pour se faire bien venir, ils flattent l'orgueil et le faible de monsieur, les caprices de madame ; ils carressent tout le monde, les laquais,

(1) On prétend que l'heure du dîner va être reportée à deux heures, comme du temps de Louis XV, et que tous les spectacles commenceront encore, à Paris, vers les cinq heures et demie. Ces sages innovations, ou plutôt ce retour à l'ancien ordre de choses, plus utiles qu'on ne le croirait d'abord aux bonnes mœurs et à la tranquillité publique, seront, dit-on, fondées sur l'exemple de l'Empereur des Français, qui veut que dans son palais, avant qu'il soit peu, tout le monde soit retiré à onze heures et demie du soir.

la femme-de-chambre, et sur-tout le petit chien. Les meilleures sociétés s'empressent de les recevoir. Et qui n'admet-on pas à sa table ? Dans quelle maison aisée ne se fait-on pas une fête d'avoir son couvert ? On semble avoir adopté implicitement ce vers d'un de nos poètes:

Et je soupe à merveille à côté d'un fripon.

M^r. Mercier, dans son *Tableau de Paris*, prétend qu'à l'époque où il publia cet ouvrage, il n'y avait point de maisons assez riches à Paris pour donner à dîner et à souper. Mais cette assertion pourrait être révoquée en doute. La Robe dîne, continue-t-il, et la Finance soupe : les seigneurs ne dînent qu'à trois heures et demie. L'heure du repas du soir, dans les maisons comme il faut, est à près de onze heures (1). Les riches ne font plus bonne chère, parce que leur goût est émoussé; souvent le maître de la maison,

(1) Maintenant on n'y soupe qu'à deux heures après minuit.

au milieu d'une table délicieusement servie, boit tristement du lait. Des jus et des coulis, telle est la cuisine du jour. La plupart des femmes ne commencent à dîner qu'à l'entremets. La maîtresse de la maison ne parle point des plats qui sont sur la table, il ne lui est permis que d'annoncer une poularde de Rennes, des perdrix du Mans, des pâtés de Périgueux, des olives d'Espagne, etc. Souvent la figure brillante des fruits dédommage de leur absence au dessert. Il est même des plats en relief, auxquels on est convenu de ne point toucher; et ces mets fantastiques servent jusqu'à ce qu'ils soient entièrement décolorés. On se souvient de l'histoire du lapreau de bois, qu'un étranger à vue courte voulut absolument dépecer, malgré les sollicitudes plaintives de la maîtresse de la maison.

Tout ce récit de Mercier n'est qu'une exagération ridicule. Ce n'est qu'au théâtre qu'on sert des plats en relief. Cet auteur a voulu peut-être parler de certains plats, auxquels il est d'usage de ne point toucher.

M. Mercier, avec plus d'esprit que de vérité, prend la défense des piqueurs de table. « On appelait autrefois, dit-il, ces
» gens-là des *parasites*, terme injurieux
» et sot, inventé par la dureté, l'avarice
» et l'égoïsme. Il est tout naturel que
» celui qui n'a pas une table (chose
» chère à Paris) aille chercher celui qui
» en a une toute servie. L'hôte peut en-
» core être redevable à ceux qui croient
» assez à son bon cœur pour aller le
» visiter et lui demander une portion de
» la nourriture qu'il a de trop, et qu'il
» ne pourrait prendre sans se causer une
» indigestion. »

Un de ces convives bannaux, dont l'état dans Paris est de faire bonne chère sans bourse délier, se trouvant à table, éloigné de quelques fruits fort beaux et qui lui faisaient envie, voulut en prendre un avec la pointe du couteau. Notre parasite eut la maladresse de casser une assiette de prix. « Parbleu, Monsieur, lui dit le maître de la maison, on peut piquer l'assiette, mais on ne doit pas la casser. »

La mode, dans les grandes maisons, était de dîner l'épée au côté ; on s'esquivait sans saluer, à l'issue du repas ; mais le devoir de la maîtresse était de remarquer votre disparition, et de vous crier un mot vague, auquel on ne répondait que par un monosyllabe. On reparaissait dans la maison huit ou dix jours après, sous peine d'impolitesse.

Il est quelquefois bien difficile de ne pas manquer aux usages, aux étiquettes du grand monde ; les gens de lettres sont principalement sujets à ces sortes d'oublis ou d'inadvertances. L'abbé de Lille, au mois d'avril 1786, étant à dîner chez Marmontel, son confrère à l'Académie, en cita un exemple fort singulier. On parlait de la multitude des petites choses qu'un homme un peu répandu est obligé de savoir et de pratiquer dans le monde, pour ne pas courir le risque d'y être bafoué. Elles sont innombrables, dit de Lille; et ce qu'il y a de fâcheux, c'est que tout l'esprit et toute la science possibles ne suffiraient pas pour faire deviner ces importantes vétilles. Dernièrement, ajouta-t-il, l'abbé Cosson, professeur de belles-lettres au collège Mazarin, me parla d'un dîner où il s'était trouvé quelques jours auparavant avec des gens de la Cour, des cordons bleus, des maréchaux de France, chez l'abbé de Radonvillers, à Versailles. Je parie, lui dis-je, que vous avez fait cent incongruités. — Comment donc? reprit vivement l'abbé Cosson, fort inquiet; il me semble que j'ai fait la même chose que tout le monde. — Quelle présomption! je gage que vous n'avez rien fait comme personne. Mais voyons; je me bornerai au dîner. Et d'abord, que fites-vous de votre serviette en vous mettant à table? — De ma serviette? je fis comme tout le monde; je la déployai; je l'étendis sur moi, et l'attachai, par un coin, à ma boutonnière.— Eh bien, mon cher, vous fûtes le seul qui se permit cette inadvertance : on n'étale point sa serviette ; on la laisse sur ses genoux. Et comment fîtes-vous pour manger votre soupe ?— Comme tout le monde, je pense. Je pris ma cuillère d'une main et ma fourchette de l'autre......— Votre fourchette, bon Dieu ! Personne ne prend de fourchette pour manger sa soupe. Mais poursuivons. Après votre soupe que mangeâtes-vous ? — Un œuf frais.— Et que fîtes-vous de la coquille ? — Comme tout le monde ; je la donnai au laquais qui me servait. — Sans la casser ? — Sans la casser. — Eh bien, mon cher, on ne mange jamais un œuf frais sans briser la coquille. Et après votre œuf que vous servit-on ?— Je demandai du *bouilli*.— Du *bouilli* ! Quand on sait vivre on ne se sert pas de cette expression ; on demande du *bœuf*, et non pas du *bouilli*. Et après cela, que vous fîtes-vous servir ? — Je priai l'abbé de Radonvillers de m'envoyer d'une très belle volaille. — Malheureux! de la volaille! On demande du poulet, du chapon, de la poularde; on ne parle de volaille qu'à la basse-cour...... Mais vous ne me dites rien de votre manière de demander à boire? — J'ai, comme tout le monde, demandé du Bordeaux, du Champagne aux personnes qui en avaient devant elles. — Sachez donc que tout le monde instruit des usages demande *du vin de Champagne, du vin de Bordeaux....* Mais dites-moi quelque chose de la manière dont vous mangeâtes votre pain? — Certainement à la manière de tout le monde : je le coupai proprement avec mon couteau. — Eh! on rompt son pain, on ne le coupe pas.... Avançons. Comment prîtes-vous le café? — Mais comme tout le monde. Il était brûlant; je le versai par petites parties de ma tasse dans ma soucoupe. — Eh bien, vous fîtes ce qu'il ne fallait pas faire. Toutes les personnes comme il faut boivent leur café dans la tasse, et jamais dans la soucoupe.

Vous voyez donc, mon cher Cosson, que vous n'avez pas dit un mot, pas fait un mouvement qui ne fût contre l'usage. L'abbé Cosson était confondu et désolé, continua l'abbé de Lille. Pendant six semaines au moins, il s'informait à toutes les personnes qu'il rencontrait, de quelqu'un des usages que je lui avais appris et qu'il ignorait. L'abbé de Lille lui-même en tenait la connaissance d'une femme de ses amies, et avait été long-temps à se trouver embarrassé dans le monde, où il ne savait comment s'y prendre pour boire et manger conformément *au bel usage.*

Nous voyons paraître depuis quelques années une brochure sur la bonne chère, qui a un prodigieux succès; c'est le fameux *Almanach des Gourmands*. On y trouve par fois de bonnes plaisanteries. Celle-ci nous a semblé faire tort au goût délicat du rédacteur (M. Grimod de la Reynière): pour venter l'excellence de certaine sausse, il dit qu'elle ferait manger jusqu'à son propre père.

On lit dans cet ouvrage le fait suivant : Il se glisse quelquefois dans les grandes tables des gens qui ne se font pas scrupule de fourrer dans leurs poches des comestibles et des fruits qu'ils ont l'art d'escamoter. Un de ces voleurs domestiques avait déjà distrait plusieurs morceaux qu'il faisait adroitement glisser dans une poche doublée de fer blanc, lorsque l'amphytrion s'en apperçut. Comme cet homme était assis auprès de lui, il profita d'un moment où le parasite avait la tête tournée d'un autre côté, et où il laissait voir l'orifice de ce garde-manger d'une espèce nouvelle, pour y verser une carafe pleine d'eau, en disant avec beaucoup de sang-froid : « Elle a bien assez mangé pour boire un coup. » (1)

(1) Cet Ouvrage se continue sous le nom de l'*Épicurien français* ; on y trouve les plus charmans couplets. Chaque volume se compose de pièces fugitives, apportées le 20 de chaque mois à une réunion de littérateurs parmi lesquels on distingue MM. Laujeon, Philipon-la-Madelaine, de Piis, Antignac, Désaugiers, Brazier, Ducray-Dumesnil, etc. etc. — Les éditeurs sont MM. Capelle et Renand, libraires, rue J.-J. Rousseau. (*Note de l'Éditeur.*)

CHAPITRE III.

Astuces et Tromperies.

On ne saurait trop prévenir les provinciaux et les étrangers, que la curiosité attire dans la capitale, des piéges en tous genres qu'on y tend à la crédulité et à la bonne foi.

Plusieurs riches marchands font d'excellentes affaires avec les jeunes gens de famille, qu'ils dupent en ayant l'air de les obliger : ils leur vendent bien cher à crédit, et sur de bonnes cautions encore, des bijoux ou des effets, qu'ils font racheter ensuite sous main, pour très-peu d'argent comptant.

La plupart des cochers s'entendent avec les voituriers qui leur vendent la paille ou le foin ; le prix dont ils conviennent n'est que fictif, et il leur en est rabattu une partie lorsqu'ils sont tête-à-tête avec le marchand.

Les maquignons sont encore plus fins pour leurs intérêts ; lorsqu'ils mettent en vente un cheval boiteux, ils ne manquent pas de le faire courir auparavant, afin de l'animer, et le piqueur qui l'essaie devant vous, le fait galopper si rapidement, qu'il est impossible de s'appercevoir de sa marche inégale. S'il est lunatique, ils attendent la pleine lune pour le montrer aux acheteurs, parce qu'alors les yeux d'un tel animal sont parfaitement beaux. Si c'est une rosse sans vigueur, ils la rendent fringante en lui mettant du poivre sous la queue.

Les innocentes laitières ne vendent presque que de la farine délayée dans de l'eau ; leur beurre n'est frais qu'à l'extérieur ; et de jolies paysannes offrent dans une serviette fort blanche, des boudins farcis seulement aux deux bouts; le reste n'est que du sang.

A la halle on peint le fromage, pour attraper ceux qui le croient meilleur, quand il est à croûte rouge.

Les fruits verds, tels qu'abricots, pêches, prunes, sont aussi peints fort artistement par les revendeuses en détail.

Il en est de même des ouies de poissons, afin de leur donner l'apparence de la fraîcheur.

Les plus belles fleurs ne sont souvent que *fichées*, c'est-à-dire, attachées avec des épingles à une fausse queue.

On pousse l'impudence jusqu'à vous vendre du gibier empaillé. Un particulier, en passant dans une rue de Paris, acheta, d'une espèce de paysan, un très-beau lièvre; et quand la cuisinière voulut l'apprêter, elle s'apperçut, avec la dernière surprise, que ce n'était qu'un gros chat qu'on avait cousu dans la peau d'un lièvre.

Les marchands de chiens ont l'art d'attacher aux caniches et barbets de fausses oreilles; et même des queues postiches.

On sait les mélanges abominables que se permettent la plupart des marchands de vin, qui ne se contentent pas de faire le miracle de changer l'eau en liqueur rouge. Voici la ruse que pratiqua long-tems un de ces nouveaux *teinturiers*, et à laquelle il dut sa fortune. Sans faire aucuns mélanges, sans se donner même la moindre peine, il trouvait le moyen d'avoir des vins à plusieurs prix, quoiqu'il n'en eût que d'une seule sorte. Il engageait à descendre dans sa cave ses meilleures pratiques, et leur montrant des tonneaux rangés du côté du mur, il leur en faisait goûter, et leur demandait duquel ils voulaient avoir. « Tout celui-ci, disait-il, est à quinze sous la bouteille. En voulez-vous d'excellent à trente? » Quand on témoignait en desirer du meilleur, il conduisait les gourmets dans une autre cave située derrière la première, et tirait devant eux le vin qu'ils avaient souhaité, qu'ils ne manquaient pas de trouver préférable. Vous douteriez-vous, lecteur, comment cet honnête cabaretier s'y prenait ? Il avait percé le mur mitoyen, de manière à y faire entrer la moitié de ses tonneaux ; en sorte que ceux de la seconde cave étaient les mêmes que ceux qu'on avait déjà vus. Ce ne fut qu'après s'être enrichi par ce plaisant manége, que le rusé cabaretier le découvrit à ses amis.

Un juif nommé Melchisédech, brocanteur de son métier, et le plus honnête homme de sa profession (ce qui n'est pas beaucoup dire), perdit un jour tout son argent au jeu, et fut réconforté par un de ses amis, bon israélite, c'est-à-dire, ne se faisant nul scrupule de tromper les gens de la nouvelle loi. Cet hébreu n'avait pour lors que deux cannes, dont tout le mérite ne consistait qu'en une vaine apparence ; car elles étaient tout-à-la fois entées et colées. Il en remit généreusement une à son confrère Melchisédech, et l'invita de s'associer avec lui le reste de la journée, pour trouver ensemble des dupes qui pussent les indemniser des caprices de la fortune. L'accord venait à peine d'être juré sur le boulevard, que l'œil perçant de Melchisédech découvrit un jeune militaire qui lui parut une proie facile. Je suis trop connu pour me présenter moi-même, dit-il aussitôt à son camarade ; va jouer mon rôle auprès de ce jeune guerrier ; qu'il apprenne qu'en paix comme en guerre un bon soldat doit toujours être sur ses gardes. » Le second juif entendit à demi-mot, s'éloigna du rusé personnage qui pouvait le rendre suspect, et s'approcha d'un air hypocrite du jeune homme qu'il voulait tromper. « Je suis, dit-il en affectant un singulier baragoin, je suis un pauvre matelot qui revient des

Indes. Le besoin d'argent et l'envie extrême de regagner la Provence mon pays, me forcent de vendre ce jonc, le seul bien qui me reste après mes foles dépenses et le voyage de long cours que j'avais entrepris. Vous aurez ce jet superbe pour la somme modique de trois louis; ce n'est pas la moitié de sa valeur, car il a plus de trente pouces. » Séduit par le discours du fourbe, et tenté par la vue de la canne, l'officier offrit jusqu'à trente-six francs, qu'on n'hésita de prendre que jusqu'à ce qu'on fût sûr qu'il n'y avait pas moyen de lui escroquer davantage. Les deux juifs partagèrent fidèlement. Melchisédech garda la canne qu'il tenait de son confrère, et voici l'aventure qu'elle lui attira. Il était le soir du même jour dans un café sur le boulevard, lorsqu'il y vit entrer le jeune officier, qui paraissait tout fier d'avoir un jet de trente pouces. Le militaire n'eut pas plutôt apperçu la canne du juif, qu'en la méprisant, il lui montra la sienne, et lui dit d'en estimer la valeur. L'israélite répondit qu'elle pouvait lui avoir coûté cinq louis, et lui proposa de troquer, vu que la sienne avait deux pouces de plus. Le jeune étourdi se laissa persuader de faire le troc, et donna douze francs de retour. Le juif aurait dû se retirer après cela ; mais il s'amusa à boire un verre de liqueur. Tandis qu'il se délectait imprudemment, le militaire voulant s'appuyer trop fortement sur sa canne, eut la mortification de la voir se partager en deux. Furieux d'avoir été pris pour dupe, il sauta sur Melchisédech et lui appliqua maintes gourmades, en le traitant de coquin, de voleur. Le juif ne perdit point la tête ; il se saisit de la canne qu'il venait d'avoir en troc, et la cassant par la moitié, il fit voir qu'elle était entée, et que par conséquent il avait aussi été pris pour dupe. L'officier, très-confus, craignit de passer pour un autre frippon, et laissa l'israélite se retirer tranquillement.

Les acquéreurs de tableaux et de bonnes gravures éprouvent pareillement différentes tromperies. Par exemple, les marchands d'estampes un peu adroits savent persuader à certains amateurs, que quand une estampe moderne est mise au jour, ils ne possèdent rien, s'ils n'ont cette estampe avant telle ou telle marque, et leur vendent le plus cher possible l'objet prétendu curieux et rare.

Il est bon de remarquer, au sujet de cette espèce d'agiotage, que l'épreuve même avant la lettre n'est pas toujours une première épreuve, depuis que l'on a vu le propriétaire de plusieurs planches recherchées, couvrir lui-même l'écriture de ses planches, et en faire tirer des épreuves sans lettres. Il les glissait ensuite dans des ventes publiques, afin de mieux surprendre les *curiolets*, et se mocquait d'eux le premier en recevant leur argent.

D'un autre côté, ceux qui font le commerce de tableaux n'enchérissent les uns sur les autres que pour la forme ; de sorte que les tableaux leur sont adjugés aux trois quarts de leur valeur ; et le partage qu'ils font ensemble du bénéfice, s'appelle entr'eux *révision*.

Quand un amateur possède un excellent tableau dans son cabinet, ils mettent tout en usage pour l'en dégoûter, afin de l'avoir à vil prix.

Dans l'achat que fait l'amateur, ils ne l'engagent à payer très-cher, qu'autant que le vendeur est de leur connaissance, ou qu'ils en reçoivent secrétement une gratification.

D'autres fois ils simulent des ventes publiques, les garnissent de mauvais tableaux, sur lesquels ils mettent concurremment l'enchère, jusqu'à ce que quelque prétendu amateur donne dans le piège.

S'il leur reste une croûte dont ils n'aient pu se défaire, ils la noircissent, l'enfument, et la portent mystérieusement chez une personne qui leur est affidée;

après quoi ils vont dire à l'amateur facile à tromper, que quelqu'un veut vendre un chef-d'œuvre, et en ignore le mérite; qu'ils n'ont point fait cette précieuse acquisition parce qu'ils manquent d'argent pour l'instant; mais qu'ils sont charmés de la procurer à l'homme estimable à qui ils en parlent.

Un de ces rusés brocanteurs s'avisa de se présenter chez un amateur, vêtu en grand deuil, en pleureuse, les cheveux épars, et lui dit, la larme à l'œil, que son père venait de le laisser orphelin, et qu'il avait pour héritage une quantité de tableaux des meilleurs maîtres, dont il voulait se défaire. L'amateur de courir au lieu désigné, et de se laisser attraper une somme considérable.

Mais le meilleur tour de ces sortes de gens est celui-ci: l'un d'eux pria un riche tapissier de lui garder, pendant qu'il irait à une vente, un tableau qu'il avait sous le bras. Au bout de quelques instans, un particulier apposté exprès, feignit de marchander des meubles, et s'informa du prix du tableau déposé Le tapissier répondit qu'il ne pouvait le vendre, attendu qu'il n'était point à lui. « Eh bien, répliqua le quidam, si vous me le faites avoir pour cent louis, je vous en promets dix pour vous en témoigner ma satisfaction, et en voilà quatre d'avance. » Le brocanteur étant venu chercher son tableau, le tapissier, voulant jouer au fin, lui en offrit douze cents livres; il croyait duper, mais ce fut lui qu'on prit pour dupe. Il ne put l'avoir à moins de deux mille livres, qu'il paya comptant; et il n'entendit plus parler de l'amateur.

D'autres filoux feignent de ramasser à vos pieds de prétendus bijoux de prix, et vous les vendent à bon marché, si vous êtes assez simple d'acheter du cuivre pour de l'or, ou du verre coloré pour des diamans.

Un des rusés trompeurs dont Paris fourmille, voyant passer dans la rue une jeune personne qu'il crut d'humeur crédule,

dule, parut ramasser un petit paquet qui contenait, en apparence, une coiffe de dentelles. « C'est une Valenciennes » que vous venez de trouver là, s'écria » aussitôt un homme apposté. — J'en » donne dix-huit francs, s'écria un second » après l'avoir examinée, et qui était » aussi du complot. » La jeune personne crut faire un bon marché en achetant cette coiffure ; mais rentrée chez elle, lorsqu'elle la fit examiner, on s'apperçut que la prétendue Valenciennes n'était que de la batiste gaufrée.

Un autre de ces hommes industrieux parvint à attraper un particulier très-défiant, et qui se croyait au fait de toutes les ruses possibles : il ramassa à quatre pas du particulier soupçonneux, une bague qui avait tout l'air d'être de quelque valeur ; c'était une cornaline, enveloppée dans un papier, sur lequel était écrite une reconnaissance d'un orfèvre, qui déclarait avoir monté en or la cornaline ci-jointe, et avoir reçu de M. Valentin la somme de trente-deux livres dix sous. A la vue de ce titre authentique, le particulier ne fit nulle difficulté de donner un louis de cette bague, qui se trouva ne valoir, tout au plus, qu'une trentaine de sous.

N'achetez point des bas ou des gants dans la rue, si vous avez envie de les avoir tout entiers; et quand vous marchanderez une chose, prenez garde qu'on ne vous la change, lorsque vous tournez la tête. Défiez-vous surtout de ces gens qui viendront marchander auprès de vous des objets qu'ils croiront pouvoir vous tenter; ils ne manquent pas d'offrir beaucoup plus que la marchandise ne vaut réellement (1).

(1) Voyez au Tome IV, le Chapitre 63, sur les filoux, les escrocs et les voleurs.

CHAPITRE IV.

Ruses des Contrebandiers. Droits de passe.

TRENTE mille personnes au moins vivaient autrefois de la contrebande dans Paris. Puisque les barrières viennent d'être rétablies aux portes de cette immense capitale, et à l'entrée de la plupart des villes, pour la perception des droits d'octroi sur les denrées et marchandises, afin de satisfaire aux frais des municipalités, ainsi qu'à l'entretien des hôpitaux, et de divers instituts de bienfaisance; nous croyons devoir rappeler les nombreux stratagêmes qu'on employait jadis, et dont quelques-uns pourront bien être renouvelés, pour endormir les yeux d'Argus des vigilans commis veillant sans cesse aux barrières de nos grandes cités.

La muraille élevée avec des frais énormes autour de Paris, en 1787, ne fut presque d'aucune utilité pour arrêter la contrebande. Elle aurait dû être précédée d'un large fossé. D'ailleurs elle n'avait point assez d'épaisseur, et pendant les hivers il en tomba des pans entiers. Mais on fit une faute encore plus considérable dans sa construction dispendieuse; on ne termina point en talus le haut de cette muraille; il semblait qu'on voulût ménager un point d'appui aux marchandises qu'il était facile d'enlever au-dessus de cette inutile muraille. «Qu'importe! disait un suppôt de la ferme, on aura des escouades d'employés qui feront la patrouille au-dehors de Paris. — Bon, lui répondit le chef secret des contrebandiers, on saura bien amuser vos escouades, lorsqu'il y aura quelque grand coup à faire. Il eût été beaucoup plus simple de placer des gardes de distance en distance, et d'augmenter le nombre de vos patrouilles, sans élever la muraille, qui, bien loin d'avoir effrayé les contrebandiers, leur a paru si avantageuse, que, comme ils sont d'*honnêtes gens*, ils se contentent maintenant, au lieu de trente pour cent, de n'en exiger que quinze. »

On a dit, au sujet de cette vaste clôture, qu'il était tout simple que le despotisme, accoutumé aux actions les plus tyranniques, se permît de mettre Paris entre quatre murailles.

Un auteur veut que les barrières de Paris soient appelées *propylés*, de deux mots grecs; en sorte qu'il faudrait dire *les propylés de Paris*, et non *les barrières de Paris*. Quand l'architecte Ledoux, en 1785, commença les lourdes constructions que l'on voit encore à toutes les issues de la capitale, on forma en même temps un chemin de passe debout pour le commerce, où les grosses voitures seraient tenues de rouler, afin que leurs chargemens énormes ne dégradassent point le pavé de Paris : mais cette sage intention est loin d'être remplie.

Sous Louis-le-Gros, en 1136, dix hommes suffisaient pour la perception de tous les droits d'entrée à Paris. Il n'y avait que deux portes ou barrières, et les droits de la porte du Nord ne rapportaient que douze francs par année, c'est-à-dire, environ 408 liv. de notre monnaie actuelle.

Les impositions ont augmenté à mesure que la France s'est agrandie, et a redoublé les charges du Gouvernement; mais le luxe et les richesses des citoyens se sont aussi accrus d'une manière progressive. Malheureusement cet état de choses fit naître la contrebande aux barrières des villes, et les fraudeurs imaginèrent mille ruses, dont nous allons détailler quelques-unes.

La Seine est un canal officieux qui facilite et seconde les fraudes. Un particulier entra singulièrement des pièces de vin dans Paris sans rien payer: il faisait venir les futailles entre deux eaux, c'est-à-dire, attachées sous un bateau.

A propos de vins exemptés des droits

par la ruse, on a su celle de cet homme qui avait une maison sur les nouveaux boulevards, avant que les barrières eussent été reculées plus loin; il y faisait conduire secrétement, et de nuit, une quantité prodigieuse de vin, et le versant dans de longs tuyaux souterrains, le faisait parvenir jusque dans une vaste cave qu'il avait dans la rue Saint-Jacques. Sa fortune était devenue considérable, lorsqu'il fut trahi par un de ceux qui le secondaient. C'était par les restes d'un vieil aqueduc que s'écoulaient sourdement les ruisseaux de vin, qui étaient pour lui le fleuve du Pactole.

La Ferme ne dut qu'à la délation d'une servante la découverte d'un moyen pareil, usité depuis un grand nombre d'années, sans qu'on en eût le moindre soupçon; et comme cette fille occasionna la saisie d'environ cent mille écus de marchandises, on prétendit qu'elle eut plus de cinquante mille francs pour sa part. Il s'agissait d'une allée souterraine située au village des Vertus, vers Saint-Denis, dans la maison d'un bourgeois, et qui venait aboutir à Paris, dans celle d'un maréchal-ferrant, près l'enclos de la foire Saint-Laurent. Ce souterrain, formé en talus depuis son origine, par une pente très-douce, était revêtu de planches bien lisses, et qu'on enduisait encore de matières graisseuses; en sorte qu'un tonneau, rempli de différentes marchandises, glissait sans qu'on fût obligé de le conduire jusqu'au lieu de sa destination; c'est-à-dire qu'il pouvait parcourir l'espace de deux lieues, lorsque le premier mouvement lui avait été donné. De grandes caves construites exprès chez le maréchal-ferrant, servaient de vastes magasins à cette étonnante contrebande. Afin d'en masquer l'entrée lorsqu'elles étaient remplies, on avait soin de boucher les deux extrémités avec un mur de maçonnerie. Mais toutes les précautions possibles ne servirent de rien contre la trahison; les commis des fermes pénétrèrent tout-à-coup dans les caves mystérieuses, et y trouvèrent une proie si considérable, qu'ils en chargèrent dix-sept chariots, qui traversèrent une partie de Paris, escortés par le guet à pied et à cheval, jusqu'à l'hôtel de Bretonvillers dans l'île Saint-Louis.

Mais la contrebande exercée aux yeux mêmes des préposés chargés du soin de l'empêcher, et dont elle trompait l'extrême vigilance, est beaucoup plus singulière et plus curieuse.

Tous les jours on entrait en fraude des eaux-de-vie par le moyen de flacons très-alongés, qu'on s'attachait sous les aisselles.

Une femme, pendant plusieurs années, employa le stratagême suivant : elle passait trois ou quatre fois par jour, portant au cou un enfant de deux ou trois ans ; mais ce n'était qu'un mannequin de fer blanc, bien habillé, dont la capacité était remplie d'eau-de-vie, qui s'écoulait par un robinet placé au bas du ventre de l'enfant prétendu.

4*

Combien n'a-t-on pas passé de toiles d'Hollande dans une poutre entièrement creusée ?

D'autres contrebandiers poussèrent l'astuce jusqu'à s'habiller en prêtres, et supposant un enterrement, ils franchissaient la barrière d'un air lugubre et en marmottant des *oremus*, comme s'ils étaient allés à la paroisse voisine; mais au-lieu d'un corps mort, la bière contenait différentes espèces de marchandises.

Un chef de contrebandiers, pendant plusieurs années, sortait de Paris en carrosse, comme pour aller à une maison de campagne, et revenait tous les soirs. Alors il mettait derrière sa voiture deux laquais habillés l'un comme l'autre ; mais l'un n'était qu'un mannequin d'osier que l'on emplissait tous les jours d'une grande quantité de marchandises. Lorsqu'on arrivait à la barrière, le véritable laquais descendait, ouvrait la portière aux commis, qui, accoutumés à voir le maître de la voiture, ne se donnaient pas la peine d'examiner ce qu'elle contenait, et se contentaient d'un léger coup-d'œil. Le laquais postiche restait derrière, comme on s'en doute bien, et l'autre, après l'examen fait ou censé fait, remontait à son côté.

La même ruse, à-peu-près, n'eut pas un succès aussi heureux : un carrosse de place est arrêté à l'une des barrières ; il y avait dans ce carrosse deux hommes, dont l'un était enveloppé dans un manteau. Les commis eurent beau interroger ce personnage, il ne répondit pas un seul mot : aussi ne pouvait-il rien dire, car ce n'était qu'une figure d'homme, artistement composée de pièces de mousseline et de toile d'Hollande. Son compagnon, voyant qu'on s'opiniâtrait à vouloir faire parler un mannequin, ouvrit la portière opposée, et prit la fuite. Le cocher de fiacre l'avait trahi en faisant aux commis le signal qui annonçait la contrebande.

Un ancien avocat, rayé du tableau pour sa mauvaise conduite, fit long-temps la contrebande, et eut le bonheur de s'y enrichir. Il s'entendait avec le courrier de Lyon, qui prenait des chevaux à Ville-juif, et venait doucement jusqu'à la barrière ; comme les commis ne pouvaient pas fouiller la malle, qu'il fallait que l'un d'eux l'accompagnât jusqu'à l'hôtel des postes, ce courrier n'avait pas plutôt un commis attaché à sa suite, qu'il fouettait ses chevaux, et venait ventre à terre dans une petite rue fort éloignée, à la porte d'une maison qui avait une double issue ; là, trois ou quatre hommes déchargeaient promptement les ballots remplis de contrebande ; et le courrier recommençant à fouetter ses chevaux, arrivait à l'hôtel de la poste bien avant le pauvre commis, crotté et harassé.

Monsieur de *** paria deux mille louis avec un financier, qu'à telle barrière, un tel jour, et vers les onze heures du matin, il ferait entrer un porc en contrebande, quelque précaution qu'on prît pour l'empêcher. La gageure acceptée, le fermier-général voulut être lui-même à la barrière indiquée avec M. de ***. L'un et l'autre se tenaient dans le bureau tandis que les commis surveillaient avec le plus grand soin. Vers les dix heures et demie arrive une chaise à porteurs, qui s'arrête directement vis-à-vis le bureau; un des commis regarde, et entrevoit un malade très-empaqueté, dont la figure lui sembla hideuse, surtout quand on lui dit que c'était un malade cru pestiféré, qu'on transportait à l'Hôtel-Dieu. A onze heures sonnées, le fermier-général dit à M. de *** : « Eh bien, votre cochon ne paraît pas ! — Je vous demande pardon, Monsieur, il est déjà entré : c'est le prétendu malade qui vient de passer. »

Une dame entrant en carrosse à Paris, accompagnée de deux jésuites, fut arrêtée à la barrière par les commis des fermes, qui lui demandèrent, selon l'usage, si elle n'avait rien contre les ordonnances, ou qui dût payer les droits. « Non Messieurs, répondit-elle en riant, je n'ai avec moi que deux gros dindons. » Un des commis crut devoir se prêter à la plaisanterie, et dit en fermant la portière : « Plût à Dieu, Madame, que tous ces oiseaux-là eussent depuis long-temps été mis à la broche ! — Je ne vous conçois pas (s'écria l'un des révérends pères lorsque la voiture recommença à rouler); quel plaisir prenez-vous à nous faire insulter par des gens de cette espèce ? — Vous avez grand tort de vous fâcher, répliqua la dame ; je n'ai dit que la vérité, et il me sera facile de vous en convaincre tout-à-l'heure. » En achevant ces mots elle se leva, ouvrit le coffre du carrosse, et fit voir à sa compagnie deux des plus énormes descendans de ces oiseaux exquis, apportés des Indes pour ajouter en Europe au plaisir de la bonne chère.

Un ivrogne, revenant des Porcherons, se présenta un soir dans le bureau des commis aux barrières. « Messieurs, leur dit-il, combien une bouteille de vin paie-t-elle d'entrée ? » On lui répondit qu'elle payait environ trois sous. Alors il se mit les doigts dans la bouche, et s'écria : « C'est beaucoup trop cher. Tenez, en voilà deux ou trois, que j'aime mieux vous donner pour rien ; aussi bien m'incommodaient-elles. »

Un jeune officier qui se rendait dans la capitale de la France pour y dépenser, dans l'espace de quelques mois, une année de son revenu, n'eut pour compagnon de voyage, dans la diligence où il s'emballa, qu'un gros abbé, toujours digérant, toujours dormant, toujours ronflant. Excédé d'une telle société, le militaire résolut de lui faire payer, par une espiéglerie, tout l'ennui qu'il lui avait causé. L'éternel dormeur, pendant quelques courtes interruptions de sommeil, avait laissé échapper par intervalles qu'il était chanoine et doyen de son chapitre, et que certain procès l'obligeant de venir à Paris, il se proposait de faire sa cour à un magistrat, et lui destinait en présent un chevreuil. Comme l'officier, le long de la route, s'était chargé de la dépense, notre doyen le pria d'avoir aussi la complaisance de payer les droits d'entrée du chevreuil. Le militaire, qui avait ses vues, l'assura qu'il pouvait dormir tranquille.

Les voyageurs arrivés à la barrière, un commis se présente, et demande si l'on n'a rien à déclarer. L'officier répond qu'il apporte un chevreuil et un doyen; le commis dit que le chevreuil doit tant; mais que pour le doyen il ne sait pas au juste ce qu'il faut, et qu'il va consulter son tarif. N'ayant pu trouver l'article du doyen, il revient demander à l'officier quel animal ce peut être, et combien il pèse. « Je vais vous instruire fidèlement, répond l'officier ; c'est un animal qui boit, mange ou dort toujours, et son poids est d'environ deux cents cinquante liv. — Eh bien ? reprend le commis, il n'y a qu'à le mettre sur le pied d'un cochon, et vous payerez une telle somme.» L'officier se hâte de payer, et de se faire donner une quittance pour l'entrée d'un doyen pesant deux cents cinquante liv., estimé sur le pied du porc frais. Le doyen arrivé à l'endroit où remisent les diligences, fut contraint de se réveiller, et le jeune militaire lui remit sa quittance. Comment, s'écria-t-il, une somme pour mon droit d'entrée ! cela est exhorbitant, cela est inouï. — On apprend bien des choses quand on voyage, dit l'officier; je ne me serais jamais douté d'un pareil usage : mais je ne vous conseille pas de vous plaindre; j'ai assuré que vous ne pesiez que deux cents cinquante, sans cela il vous en aurait coûté bien davantage.» Le doyen, plus chargé de graisse que de science, remercia beaucoup l'officier de ses bons soins, et ne manqua pas, le lendemain, d'aller porter son chevreuil, et de conter comment il avait fraudé les droits, attendu qu'il ne lui en avait coûté qu'une somme modique pour l'entrée aux barrières, de lui, doyen. On ne comprit d'abord rien à cette espèce de galimatias; mais la quittance qu'il tira de sa poche mit tout le monde au fait de son histoire, et apprêta beaucoup à rire à ses dépens.

De nos jours, en 1808, on parvient encore à tromper, par plusieurs stratagêmes, les commis des octrois. Voici une nouvelle ruse, que le hasard seul leur a fait découvrir. A l'une des barrières de Paris il entrait chaque jour une voiture chargée de grosses bûches. Cette voiture ayant été retenue plus que de coutume, par quelques embarras, devant le bureau des commis, l'un d'eux fut frappé d'une forte odeur d'eau-de-vie, et découvrit, non sans une extrême surprise, que toutes les prétendues bûches étaient creuses, et remplies d'esprit de vin.

Une paysanne, au moment que nous écrivons ceci, passe tous les jours, en fraude, de l'eau-de-vie, et plusieurs fois consécutives, sans que les commis aient encore pu se douter de son stratagême; ils ont beau tâter ses poches, ses habillemens, ils sont loin d'approcher du but. Elle remplit à demi des vessies et les cache dans.... Nous dirons en quel endroit, quand messieurs les commis en auront fait la découverte.

Un jeune homme très-bien mis entre tous les jours de l'eau-de-vie dans la forme de son chapeau rond, dont l'intérieur est garni d'une vessie. Nous espérons, en découvrant cette ruse, n'être point rangé dans la classe des dénonciateurs, attendu que tous les jeunes gens portant des chapeaux à haute forme, il est impossible de reconnaître le coupable.

Nous avons maintenant les droits de passe pour la confection et réparation des chemins, établis à l'imitation de ce qui se pratique en Angleterre, ainsi que l'imposition sur les croisées. Je voudrais, disait un homme de la nouvelle finance à un propriétaire ; je voudrais que le souhait de Comus se réalisât ; c'est-à-dire, que tous les hommes eussent une *fenêtre* au cœur, pour qu'on pût voir ce qui s'y passe. — Je vous entends, reprit le propriétaire ; ce serait pour grossir l'impôt sur les croisées.

A propos des droits de passe imités des Anglais, nous croyons pouvoir raconter ici, qu'un habitant de Londres s'avisa de faire mettre une *troisième roue* à son cabriolet, et une *cinquième* à son carrosse, pour ne pas payer l'impôt établi sur les voitures à *deux* et à *quatre* roues (1).

(1 Cet article était fait avant la loi qui a supprimé les droits de passe.

L'objet de ce droit était de fournir aux réparations et entretien des grandes routes. Le Gouvernement y a pourvu par d'autres moyens. (*Note de l'Éditeur.*)

CHAPITRE V.

Mœurs de la classe inférieure du peuple.

Jettons un coup-d'œil sur cette classe si intéressante à plusieurs égards. « Un seul moyen de connaître les véritables mœurs d'un peuple, a dit J. J. Rousseau, c'est d'étudier sa vie privée dans les états les plus nombreux ; car s'arrêter aux gens qui représentent toujours, c'est ne voir que des comédiens. »

Une des innovations anciennes et fiscales qui ont le plus affecté le peuple parisien, ç'a été l'élévation de cette longue muraille qui embrasse dans son vaste circuit les faubourgs et plusieurs villages des environs de Paris. Il voit avec douleur beaucoup plus éloignés les guinguettes et cabarets où la classe des ouvriers et artisans ne manque pas d'aller en foule s'enivrer, fête, dimanche et tous les lundis, attendu qu'on lui vend à meilleur marché un vin détestable, qui n'a point payé d'entrée.

Que diraient nos ivrognes d'aujourd'hui s'ils étaient encore assujétis à la loi rendue par Charlemagne, en 802 ! Elle condamnait les ivrognes à ne boire que de l'eau, et on les séparait de toute société pendant un certain temps. François Ier porta la sévérité encore plus loin à leur égard; tout homme ivre fut condamné au pain et à l'eau et à la prison pour la première fois; il était battu de verges dans la prison pour la seconde; fustigé publiquement à la troisième, et enfin puni d'amputation d'oreilles, d'infamie et de bannissement.

Singulier peuple que celui de Paris! dit un écrivain estimable, en parlant des habitans de la classe inférieure. Léger, moqueur, inconséquent, et quelquefois brutal ; mais toujours bon, toujours prêt à voler au secours de celui qui en a besoin. Il a souvent des paroles grossières à la bouche ; mais il y a toujours dans son cœur un fonds de pitié au service des animaux, des étrangers, de tous les malheureux. J'ai vu des gens se battre contre des voituriers et des cochers brutaux qui maltraitaient impitoyablement des chevaux ; j'ai vu un pauvre donner à un plus pauvre que lui l'aumône qu'il venait de recevoir.

Une jeune personne qui gagnait à peine sa vie à filer du coton, dans le faubourg Saint-Marceau, rue Pot-de-Fer, entend dire que sa voisine, encore plus pauvre qu'elle, est au moment d'accoucher ; elle accourt pour lui rendre quelques services ; et voyant qu'il n'y a point de linge pour envelopper l'enfant, elle déchire l'une des deux juppes qu'elle possédait, afin de faire des langes. Cette fille, sensible et compatissante, dont nous regrettons de ne pas savoir le nom, n'a-t-elle pas renouvelé l'acte de charité de Saint-Martin, qui donna la moitié de son manteau pour couvrir la nudité d'un mendiant?

J'apperçus qu'à quelques pas de moi une foule environnait un malheureux qui s'était évanoui contre une borne, raconte l'auteur du *Nouveau Voyage Sentimental*. Des crochets sur ses épaules annonçaient son état. Les gens du peuple s'arrêtaient et regardaient; les gens comme il faut regardaient et ne s'arrêtaient pas. Au moment où il fixait mon attention, je vis arriver un vieillard tout-à-fait caduc, couvert d'une redingotte en lambeaux, portant sous son bras une laitue, et à sa main de l'huile et du vinaigre dans deux petites bouteilles à moitié cassées. Il s'approcha de l'homme évanoui, et se baissant par degrés à l'aide du mur, il s'accroupit auprès de lui; puis, versant son vinaigre dans le creux de sa main, il le lui fit respirer. Le malheureux ouvrit les yeux. Le vieillard lui
prit

prit la main, et lui demanda ce qu'il avait d'un air si compatissant! Si ce respectable vieillard n'avait pas eu l'air très-misérable, je lui aurais laissé le soin de l'homme qu'il venait de rappeler à la vie; mais ils paraissaient aussi pauvres l'un que l'autre. Je descendis de voiture, et perçai le cercle des curieux qui regardaient cet homme sans l'admirer, comme ils avaient regardé l'autre sans le secourir. — Vous êtes bon, Monsieur, me dirent-ils, de vous déranger. Ne voyez-vous pas que c'est un homme ivre? — Qu'importe? en souffre-t-il moins? Vous auriez mieux fait d'imiter..... — Oui, un autre ivrogne qui sera au premier jour dans le même état. — Eh bien, il faudra le plaindre ce jour-là. Aujourd'hui il faut l'admirer. En attendant, j'avais tâté le pouls : je ne pus m'empêcher de lancer un regard d'indignation sur le discoureur qui avait voulu arrêter ma démarche, quand je m'apperçus que l'évanouissement avait l'inanition pour cause. Dès que je l'eus annoncé, il s'éleva des huées qui chassèrent le discoureur, et ce fut à qui me seconderait. Il est vrai que je descendais de voiture, et que j'avais un laquais. Combien ils sont coupables, les riches qui détournent leurs regards de l'infortuné, si les besoins du luxe arrêtent les effets de leur compassion ! Qu'ils en montrent seulement, ils décideront celle de ces milliers d'hommes-machines qui n'attendent qu'une impulsion. Un verre de bon vin que j'envoyai chercher, mit l'homme en état d'arriver jusque chez un traiteur voisin, à qui je prescrivis et payai ce qu'il fallait lui donner. J'ajoutai pour lui et le respectable vieillard. Cet infortuné était porte-faix; il avait une femme malade, et des enfans en bas âge, et il y avait deux jours qu'il n'avait été employé. La populace me combla de bénédictions; et elle avait vu sans émotion ce vieillard qui méritait bien plus que moi ! Que pouvais-je donner qui valût son verre de vinaigre ?

Un auteur célèbre, M. Bernardin de Saint-Pierre, passant par une rue assez déserte du faubourg St.-Marcel ou St.-Marceau, vit un cercueil à l'entrée d'une petite maison. Il y avait auprès de ce cercueil une femme à genoux qui priait Dieu, et paraissait absorbée dans le chagrin. Cette femme ayant apperçu, au bout de la rue, les prêtres qui venaient faire la levée du corps, se leva et s'enfuit en se mettant les deux mains sur les yeux et en jetant des cris lamentables. Des voisins voulurent l'arrêter pour la consoler, mais ce fut en vain. Comme elle passa auprès de M. de Saint-Pierre, il lui demanda si elle regrettait sa fille ou sa mère. — Hélas! Monsieur, répondit-elle tout en pleurs, je regrette une dame qui me faisait gagner ma pauvre vie; elle me faisait aller en journée. — Il s'informa des voisins quelle était cette dame bienfaisante, et on lui apprit que c'était la femme d'un petit menuisier.

Robert, gagne-deniers, c'est-à-dire,

pauvre artisan, à force de travailler jour et nuit, avait amassé une somme de cent écus, qu'il se promettait de conserver avec le plus grand soin. La possession de son trésor ne le rendit ni plus fier, ni plus insensible aux peines d'autrui. Il avait une ancienne connaissance; il alla la voir; il la trouva dans une situation tout-à-fait triste; elle éprouvait les infirmités de la vieillesse, et tous les maux de la misère; et, pour comble, un créancier impitoyable allait la faire traîner en prison pour une dette de trois cents liv. qu'il lui était impossible d'acquitter. Le bon Robert se laisse attendrir, il ne considère point que la somme qu'il possède est son unique bien; il ne songe qu'au plaisir d'essuyer les larmes d'une infortunée. « Tenez, dit-il en jetant son argent aux satellites qui se disposaient à s'emparer de leur proie, voilà ce qu'elle doit, laissez-la en liberté. » En achevant ces mots, il tombe sur une chaise, et se met à pleurer. « Vous pleurez, lui dit-on,

« Oh ! c'est de contentement, répondit-il ; je suis si satisfait d'avoir empêché ma pauvre amie d'aller en prison ! c'est tout ce que je possédais dans le monde ; mais j'ai été si enchanté de le donner ! Qu'on est heureux de pouvoir obliger ! Les riches ont donc du plaisir. » Quelque temps après cette belle action, Robert éprouve lui-même le besoin ; il va chez sa débitrice, lui expose sa situation, et la prie de rendre ce qu'il lui a si généreusement prêté. Elle lui fait des promesses ; elle espérait les remplir ; mais sa destinée ne s'adoucit point. Robert, lassé d'avoir accordé inutilement une infinité de délais, ne voit que sa propre infortune, et se reproche son trop de sensibilité pour les maux d'autrui ; un huissier l'affermit dans sa mauvaise humeur, et obtient la permission de poursuivre la malheureuse débitrice, qui demande enfin à solder avec son créancier. « Voilà, lui dit-elle, vos cent écus qui m'ont tant coûté à vous rendre ; du reste, je vous devais, et j'avoue que vous m'avez obligée : c'est mon malheur qu'il faut accuser.» Tandis qu'elle prononçait ces mots interrompus par des larmes, l'honnête Robert s'apperçoit que la chambre était entièrement démeublée, à peine restait-il à cette infortunée une paillasse pour se coucher. Se sentant ému malgré lui, il prend son argent et s'empresse de quitter cet asyle de la misère. Mais il a beau faire, l'image de cette pauvre femme, qui avait tout vendu pour le payer, déchirait son âme « O ciel ! s'écrie-t-il enfin, qu'ai-je fait ! cette malheureuse est accablée de pauvreté et de vieillesse ; la voilà sans ressource ! et moi, je suis jeune, j'ai de la santé, et je l'ai privée de tout !...... je me fais horreur.» Il se hâte de remonter l'escalier, et s'élance dans la chambre: « Ma pauvre amie, reprenez ces cent écus, je vous prie, et qu'il n'en soit plus question. Je suis encore moins à plaindre que vous ; si j'en avais cru mon cœur, je ne vous aurais pas causé ce chagrin.

La bonne femme, touchée de ce procédé, veut combattre de générosité. « Non, lui dit-il, quelque besoin que j'éprouve, il ne me fera pas autant souffrir que si je retenais cette somme. Une autre fois je me garderai bien de suivre les conseils des huissiers; c'est moi seul que je consulterai. »

La reconnaissance est un sentiment naturel dans les classes inférieures du peuple : est-il aussi commun parmi ce qu'on appelle les gens comme il faut? Nous osons en douter. Le comte de.*** traversait la rivière vis-à-vis les Invalides, dans un bateau où se trouvait une pauvre femme. Ce comte, grand observateur, s'amuse à interroger la bonne femme. Etes-vous mariée? — Oui, Monsieur. — Et que fait votre mari? — Il travaille sur la rivière.—Quel quartier de Paris habitez-vous? — Le Gros-Caillou. — Où allez-vous présentement? — A la barrière du Roule. — Vous allez bien loin de chez vous. — Je vais acheter du pain. — Du pain! est-ce qu'on n'en vend point au Gros-Caillou ? — Pardonnez-moi. — Il est donc meilleur ou moins cher au Roule ? — Point du tout, Monsieur. — Et qui vous détermine à faire au moins deux fois par semaine un si long voyage? — Avant que mon mari fût employé, nous étions dans la misére : le boulanger qui habite à présent au Roule, demeurait alors au Gros-Caillou, et il avait la bonté de nous fournir du pain à crédit, quand nous étions sans argent; depuis il a changé de quartier, et nous sommes devenus plus à notre aise : Et bien, Monsieur, on témoigne sa reconnaissance comme on peut; j'achète aujourd'hui mon pain chez notre ancien voisin, pour le remercier de celui qu'il nous a fourni long-temps à crédit.

L'auteur du *Nouveau Voyage Sentimental* (1), trace ce portrait intéressant et fidéle d'une certaine classe de femmes qu'on appelle à Paris *Grisettes*. Ce sont

(1) M. Gourgy.

des ouvrières de tous les genres, dit-il, trop gentilles pour vouloir être peuple, et trop sages pour vouloir sortir à un certain prix de leur sphère. Chacune a son amant, et leur choix une fois fait, elles s'y tiennent assez volontiers. Elles ne croient ni aux langueurs, ni à ces persévérances outrées qui ne font que des martyrs. Ce n'est que par une amabilité personnelle qu'on peut espérer de leur plaire. Le rang et la fortune n'y font rien. Elles redoutent l'homme riche et au-dessus d'elles, parce qu'alors elles craindraient que l'on imaginât qu'elles vendent leurs faveurs; et autant il est dans leur code d'avoir un amant, autant il est défendu de mettre un prix pécuniaire à ce que rien ne doit payer. Ce n'est pas qu'elles ne veulent rien recevoir de leur ami. Il est même d'usage que c'est lui qui paie tout ce que leur travail ne peut leur procurer; mais on est là-dessus d'une discrétion étonnante, et le soin avec lequel on ménage la bourse de son ami, est vraiment édifiant. D'après ce portrait, on peut juger du ton qui règne dans leurs assemblées. On aurait tort d'y supposer une certaine réserve; mais la liberté n'y va jamais jusqu'à blesser la décence, et les propos ne vont point au-delà de l'équivoque, que les petites fripponnes aiment assez et qu'elles saisissent avec une sagacité surprenante; car en général elles ont de la finesse, et un jargon tel qu'un homme d'esprit peut jaser avec elles sans ennui, et remporter de leur conversation le regret que l'éducation n'ait pas perfectionné leurs dispositions naturelles. Leur humeur est ordinairement charmante. Leur *mise* est simple et jolie. C'est là qu'on peut voir cette espèce de coquetterie que J. J. Rousseau dit être naturelle aux femmes. Elle ne consiste pas dans la quantité de colifichets, qui n'annoncent que la richesse de celle qui les porte et l'adresse de celles qui les ont faits. On n'a là que de petites robes, un peu de gaze et quelques bouts de ruban, mais on en tire le plus grand parti, et l'on produit beaucoup d'effets avec ce peu de moyens. La coiffure est infiniment simple; mais elle sied tant, qu'en la voyant on n'a pas l'idée d'une plus belle. Le teint et les yeux n'empruntent pas leur vivacité du carmin; ils ne la doivent qu'au plaisir. En un mot, on trouve chez ces aimables petites, la nature embellie sans avoir à y redouter les supercheries de l'art.

Il y avait, du tems d'Henri IV et de Louis XIII, une étoffe de couleur grise tellement consacrée à l'usage bourgeois, que les filles de cette classe en reçurent le nom de *Grisettes*, qu'elles ont toujours conservé depuis.

Ces vers du naïf La Fontaine peignent au naturel la classe aimable du peuple dont il s'agit ici :

> Une Grisette est un trésor;
> Car sans se donner de la peine,
> Et sans qu'au bal on la promène,
> On en vient aisément à bout;

On lui dit ce qu'on veut, bien souvent rien du tout :
Le point est d'en trouver une qui soit fidelle.

Le menu peuple de Paris ne manque pas de crier à la garde, dans ses moindres querelles, et souvent dans les occasions les moins importantes; en voici un exemple. Il fit un temps affreux pendant les premiers jours de la foire Saint-Ovide, en 1773 : un des marchands qui s'y étaient rassemblés envoya chercher en grande hâte le guet, parce que le vent renversait sa boutique.

Les poissardes, c'est-à-dire, les marchandes de fruits, de poissons, de légumes, de fleurs, quoique fraîches et très-jolies, ne sont pas aussi aimables que les grisettes. Elles sont brusques, acariâtres, ont le verbe très-haut, et si vous ne leur donnez point ce qu'elles vous demandent de leurs marchandises, elles vous débitent un flux d'injures singulières, auxquelles il vous serait bien difficile de répondre. Mais ne vous effrayez pas de ce déluge de paroles bisarres; tout cela n'est qu'un vain bruit, l'effet de l'habitude et du caractère. Quand elles disputent entr'elles, (et à tout moment les rues, les places, les carrefours retentissent de leurs querelles bruyantes) vous croiriez, à voir leurs visages enflammés, leurs poings en l'air ou sur leurs hanches, qu'elles vont déchirer leurs cornettes, s'arracher les yeux : point du tout, elles se séparent paisiblement, après avoir épuisé le dictionnaire de la halle, et s'être dit les sottises les plus risibles. Ces femmes ont des idées tout-à-fait originales, que rendent encore plus piquantes les expressions qu'elles emploient.

On sait qu'elles s'étaient arrogé le droit de mettre un impôt sur la générosité des princes et des seigneurs, qu'elles allaient en corps féliciter, dans certaines circonstances, en leur présentant de gros bouquets. Elles avaient encore l'honneur, sous le titre de *Dames de la Halle*, d'approcher et de complimenter le Roi, la Reine, la Famille Royale, à l'époque des réjouissances publiques, et d'être régalées à une table servie par les officiers de leurs majestés.

Un officier-général qu'elles étaient venues complimenter par intérêt, et à qui elles offraient un énorme bouquet, pour avoir quelques écus, ne voulant leur rien donner, leur dit brusquement : « Je vais, Mesdames, vous faire voir quelles sont les fleurs dont je gratifie les personnes qui m'impatientent ; l'odeur vous en paraîtra peut-être un peu forte. » A ces mots il tira d'une armoire deux pistolets : ces dames courent encore.

On avait construit à très-grands frais un marché de la marée ; mais les marchandes de poisson refusèrent de s'y transporter, sous prétexte de la petitesse et de l'éloignement du local. Trente de ces dames se députèrent vers Louis XVI ; l'une d'elles, dans un discours bref et énergique, après avoir exposé l'inconvénient de leur translation, et la résolution où elles étaient de renoncer plutôt à leur métier, finit par dire : *Sire, point de marée, point de matelots ; point de matelots, point de marine.* Cette phrase véhémente frappa le Roi, et le nouveau marché n'a jamais servi.

Lors d'une représentation *gratis* à l'Opéra, un charbonnier arriva à la porte dans une charette à charbon : avant d'en descendre, il voulut singer les riches fastueux, maîtres de brillans carrosses. Il tira de son gousset une montre grosse comme le poing, et s'adressant au savoyard crasseux qui lui servait de cocher : « Revenez à six heures, lui dit-il, et vous me ramènerez chez ma petite ravaudeuse. »

A un autre spectacle, un peu avant que l'on commençât la première pièce, comme le souffleur se préparait à se mettre dans son trou, et faisant effort pour lever la trappe, vint tout-à-coup à montrer sa tête, une jeune poissarde, qui sans doute n'avait point encore été à la comédie, s'écria, tout étonnée de cette apparition : « Voyez donc ce chien-là, qui fait un trou au théâtre pour trouver une place ! »

A l'époque du deuil d'une princesse du nord, un monsieur, habillé de noir, passant dans la place Maubert, se laissa tomber tout de son long devant une harengère, qui cria d'une voix enrouée : « Eh ! Marie-Jeanne, tire le rideau ; v'là un parent de l'Impératrice de Russie qui se couche. »

Ce propos renferme une excellente critique de l'usage général et ridicule où étaient, à Paris, les citoyens les plus obscurs de porter le deuil des têtes couronnées, à l'exemple des personnes de la cour, et des gens en place.

Une autre poissarde, à la langue bien pendue, revenait de Saint-Cloud dans la galiotte, et se tenait sur le pont exprès pour donner carrière à ses bons mots.

Elle apperçoit à Chaillot une dame frisée à la mode en petites boucles, placée au milieu de deux messieurs, et qui, du haut d'une terrasse, s'avisa de lui dire quelques plaisanteries. Elle l'écoute un moment, et puis élevant tout-à-coup la voix, elle lui crie : « Voyez donc cette raie bouclée entre deux maqueraux. »

La classe du peuple dont il s'agit ici, pour se livrer au genre de son commerce, qui se fait toujours au comptant, à grand besoin des secours intéressés de gens avides prêtant sur gages à la petite semaine ; c'est-à-dire qu'il faut rembourser au bout de huit jours, sous peine de perdre ses nantissemens. Cette usure est aussi criante que les conditions en sont onéreuses, car cinq francs rendent d'intérêt un sou par jour; un louis produisant vingt-quatre sous journellement, rapporte par an trois cents soixante treize livres quatre sous, et ajoutez ensuite les intérêts des intérêts. Le sage établissement du Mont-de-Piété n'a pu nuire à cette classe d'usuriers obscurs ,, parce que les fruitières, les marchandes de poisson, etc., ne veulent recourir qu'à eux seuls; elles ne considèrent point ce qu'il leur en coûte; elles sont contentes de doubler leur argent par les bénéfices assurés de leur commerce. D'ailleurs elles empruntent souvent sans être obligées de consigner leurs croix d'or, leurs boucles d'oreilles; dès qu'elles sont bien connues, leur parole suffit, et elles ne manquent jamais de rendre le samedi l'argent qu'on leur a prêté le dimanche.

Ce qu'il y a de plus étonnant, c'est que les prêteurs à la petite semaine sont ordinairement des gens très-riches, qui, sous un nom supposé, et vêtus d'une manière misérable, se rendent deux fois la semaine dans un misérable taudis, près des Halles, du marché St.-Germain, ou de la place Maubert, pour donner audience à leurs clientes, et recevoir et restituer les bijoux d'or de ces sortes de femmes.

Un auteur célèbre allait souvent manger chez un homme qui avait au moins 50,000 livres de rente. Il fut bien surpris de le rencontrer un matin seul, à pied, dans la rue Saint-Jacques, couvert d'un mauvais habit, et affublé d'une vieille perruque, tandisqu'il avait ordinairement ses cheveux. Soupçonnant du mystère dans cette métamorphose, il se contenta de le remarquer, et le laissa passer sans lui rien dire. La première fois qu'il retourna manger chez lui, il en reçut un accueil encore plus distingué que de coutume, et le richard le pria d'entrer dans son cabinet. « Je me suis apperçu, lui dit-il, que vous m'avez reconnu l'autre jour dans la rue Saint-Jacques. Comme je suis sûr de votre discrétion, je vais vous découvrir les raisons qui m'obligent à me déguiser de la sorte. Depuis trente ans je prête à la petite semaine. Quand vous m'avez rencontré, j'allais dans la rue de Bièvre, près la place Maubert, à un cinquième étage, où je tiens mon bureau. Avec trois mille livres j'ai gagné plus de cent mille écus, et j'espère bien en gagner encore autant. » Ce n'est qu'après la mort de ce riche usurier, que l'homme-de-lettres dépositaire de son secret s'est permis de le révéler.

Il est fâcheux que les poissardes, les ouvriers et les artisans, aient contracté la malheureuse habitude d'aller dépenser au cabaret presque tout ce qu'ils gagnent pendant les quatre ou cinq jours qu'ils consacrent au travail. On demandait au spirituel Bautru la définition d'un cabaret; il répondit : c'est un lieu où l'on vend la folie par bouteille.

<blockquote>
Un ivrogne, en sortant de boire,
Fit une chûte et se blessa ;
Quelqu'un au même instant passa :
Votre nom, lui dit-il ? — Grégoire.
— Votre logis ? on vous y porterait ;
Là, rappelez votre mémoire.....
— Que l'on me porte au cabaret.
</blockquote>

Bien digne d'être comparé à cet intrépide buveur, un ancien commis des Fermes, retiré avec une pension viagère de mille écus, consacrait au moyen de boire amplement presque tout son revenu ; un petit savoyard était chargé chaque matin de renouveler sa provision bachique, qu'il recevait au lit, dont il sortait rarement. Sa table de nuit était garnie de bouteilles. Chaque fois qu'il se réveillait, il avalait presque d'un trait une pinte. Quand il quittait son lit, il avait soin d'avoir entre ses jambes une de ces énormes bouteilles de grès, nommées dames-jeannes, et qu'il appelait *la consolation du garçon*. Cette manière extraordinaire de vivre lui causa la mort au bout de quelques années.

Un homme, dont l'unique passion était aussi de boire à l'excès, et qui, du matin au soir, s'abrutissait dans l'ivresse, céda enfin aux représentations de ses amis, et forma le projet de se contenter, chaque jour, d'une bouteille de vin, afin d'épouser une jeune personne qu'il aimait éperdûment. Mais ce changement de vie lui devint funeste; il en tomba dangereusement malade. Sentant approcher sa dernière heure, il écrivit son testament, qui ne contenait que ces mots: « Je donne et lègue ma paillasse à Rosalie Potier, dont je devais faire ma femme : j'exige de sa reconnaissance, qu'elle boive tous les soirs à ma santé. » La jeune personne reçut cet héritage avec la plus grande répugnance, le croyant très-méprisable. Mais cette paillasse, si précieusement léguée, ayant paru plus lourde qu'elle ne devait l'être naturellement, on la décousît, et l'on y trouva deux cent mille francs en or.

Un ami passionné de la treille, voulant exprimer le profond mépris qu'il avait pour quelqu'un avec qui il disputait, s'écria : « Tiens, je te méprise..... je te méprise..... comme un verre d'eau. »

Un homme ivre revenant du cabaret, par une nuit fort noire, le long du quai des Orfèvres, se trouva à la grille de fer qui était au-devant de la statue d'Henri IV; se croyant à l'une des extrémités du Pont-Neuf, il passa plusieurs heures à tâter cette grille, et à y chercher une issue. Depuis quand, s'écriait il, a-t-on fermé l'un des bouts du Pont ?

Dans le temps que Paris était si mal éclairé par des lanternes, un ivrogne s'en revenant des Porcherons, au milieu de la nuit, prit l'ombre que les lanternes répandaient sur le pavé, pour autant de poutres qui traversaient la rue, et se mit à sauter par-dessus ; ce qu'il continua jusqu'à ce qu'il fût arrivé à sa porte.

Les réverbères, qui éclairent un peu mieux que les lanternes, et éblouissent trop la vue, ont donné lieu à une erreur encore plus plaisante de la part d'un autre ivrogne. Il s'en revenait aussi de la guinguette, une belle nuit d'hiver, la tête offusquée de la vapeur bachique; son chemin l'ayant conduit à l'un des superbes quais qui bordent la Seine, il alla s'imaginer que la lueur des réverbères, qu'il apperçut sur le pavé, était l'eau de la rivière qui débordait. Oh! oh! dit-il, en s'arrêtant tout court, prenons garde à nous, n'allons pas nous noyer dans l'eau; passe encore si c'était dans le vin. » Alors il monte sur une borne, et commençait à se croire en sûreté, quand un coup de vent faisant vaciller un réverbère, en fit aussi vaciller la lumière, dont l'éclat se porta de son côté. L'ivrogne se trouble, et croit que les flots s'élèvent jusqu'à lui. « Peste, dit-il, ceci devient du sérieux: heureusement que je sais nager. » A ces mots il se jette par terre à plat ventre, et se casse le nez. « Diable, s'écrie-t-il, je ne savais » pas que la rivière fût gelée. » Le lendemain on le trouva étendu à la même place, et il voulait absolument y rester pour attendre le dégel.

Aussi

Aussi déraisonnable que celui-ci, un autre ivrogne envoie chercher un fiacre, se fait conduire au cabaret, et oblige le cocher de boire avec lui. Quelques heures s'étant passées dans une si douce occupation, le Phaéton de place commença à s'en impatienter, d'autant plus qu'il craignait de ne point avoir d'autre paiement. L'ivrogne eut beau le rassurer et faire apporter du meilleur vin, il s'opiniâtra à vouloir se retirer. Furieux de voir ses instances inutiles, il fit venir la garde, qui les conduisit l'un et l'autre chez le commissaire. L'officier de police demanda au suppôt de Bacchus, pourquoi il retenait ce cocher malgré lui ? Je veux qu'il boive avec moi, répondit-il; que lui importe ma fantaisie, pourvu que je lui tienne compte de son temps ? ne doit-il pas être plus satisfait d'être bien payé pour se régaler tranquillement de bon vin, que si j'exigeais qu'il me voiturât dans les rues? — Mais, insista le commissaire, si cet homme persiste dans sa plainte, et que vous continuiez à lui refuser son salaire, où voulez-vous que je vous envoie ? — Vous avez raison, reprit l'ivrogne ; faites-nous ramener tous les deux au cabaret.

Deux hommes du peuple eurent dispute au milieu d'une foule, et résolurent d'aller se battre. Mais comme ils passaient devant un cabaret, l'un d'eux proposa de boire, afin, dit-il, qu'on pût, de part et d'autre, appliquer de plus vigoureux coups de poing. L'adversaire accepta ce nouveau défi ; une bouteille fut insensiblement suivie de plusieurs autres ; nos gens burent tant, qu'ils en perdirent la mémoire. Se regardant tout-à-coup avec des yeux étonnés, ils se demandèrent par quel hasard ils se trouvaient ensemble ? Enfin, ils se séparèrent les meilleurs amis du monde.

Un digne suppôt de Bacchus, mais encore à jeun, appercevant un de ses confrères qui, pour cuver les fumées du gros vin qu'il avait déjà amplement bu, ronflait couché contre une borne, le contempla quelques instans, plongé dans un profond silence, et puis s'écria : « Voilà pourtant comme je serai dimanche prochain ! »

Un homme ivre, rentrant chez lui, ne trouva pas son souper préparé ; aussitôt grand bruit dans le ménage ; des injures on en vint aux coups ; et l'ivrogne poussant trop rudement sa moitié peu endurante, la jeta du haut en bas d'un escalier, et elle resta morte sur la place. Les voisins accoururent, et conseillèrent au mari de prendre promptement la fuite. « Eh ! quoi, leur dit-il, est-ce qu'on est puni pour avoir tué une méchante femme ? »

Deux marchands assez riches de cette capitale se proposent d'employer une journée à se bien régaler. Le jour pris, ils se rendent dans un cabaret dès le matin. On jase de son commerce et de la difficulté de se faire payer ; tout en causant, les bouteilles se vidaient et se succédaient avec rapidité. A onze heures du soir, ils étaient encore à parler et à boire. Il est question enfin de se retirer; mais ils étaient si ivres qu'ils ne pouvaient se soutenir. Ils cherchent une voiture et n'en trouvent point; ils n'apperçoivent qu'une brouette (1). Ils appellent le brouetteur, qui, lui-même occupé à boire, ne les entend pas. Ils prennent leur parti. Celui qui était le moins ivre pousse son camarade dans la voiture et se met à tirer de toutes ses forces. Cette tâche lui semblait pénible. Arrivé à la maison de son camarade, il appelle la femme, qui descend avec une lumière. Elle s'épuise en remerciemens de ce

(1) Espèce de chaises roulantes tirées par un homme et poussées par un autre. Elles ne sont plus guère en usage.

qu'il a bien voulu ramener son mari. On ouvre la brouette, mais quelle fut la surprise des deux spectateurs! il ne s'y trouve personne. Le camarade surtout ne concevait pas comment cela avait pu se faire. « Quoi ! dit-il, ceci tient du pro- » dige. C'est moi-même qui l'ai mis de- » dans. » Il cherche par-tout, mais en vain. La femme se rend avec l'ami au même lieu où il avait pris la brouette. Elle trouve son mari étendu dans un tas de boue, qui ronflait comme dans le meilleur lit du monde. Son camarade l'avait jeté à côté de la voiture, croyant le mettre dedans. Le brouetteur, qui avait vu disparaître sa voiture, le gardait en nantissement.

CHAPITRE VI.

Des Femmes en général, et des Parisiennes en particulier.

SELON Jean-Jacques Rousseau, depuis le faubourg Saint-Germain jusques aux Halles, il y a peu de femmes à Paris, dont l'abord et le regard ne soient d'une hardiesse à déconcerter quiconque n'a rien connu de semblable dans son pays. Elles ont vu, ajoute-t-il, que le peuple avait le rouge en horreur; elles s'en sont appliqué quatre doigts : Elles ont vu qu'une gorge découverte est en scandale au public; elles ont largement échancré leurs corps de robe.

Ce qu'il y a de certain, c'est que les femmes mariées, d'un certain rang, vivent, dans la capitale, avec une liberté qui approche beaucoup de celle dont jouissent les veuves, si elles ne les surpassent même. Pour en donner une idée, il nous suffira de rapporter les conditions qu'exigea mademoiselle de V***, avant de se soumettre aux lois de l'hymen. Premier Article : M. le comte de C***. se reconnaîtra débiteur envers moi des sommes que j'aurai avancées pour lui avant notre union. Les biens qu'il allait vendre me seront engagés pour la sûreté de mes fonds. II. Je laisserai à M.C***. la jouissance des revenus de ces mêmes biens, et j'y joindrai une pension annuelle de quinze mille livres, afin de le remettre dans sa première situation. III. Si je meurs avant M. le comte, sa dette contractée avec moi sera éteinte, mes droits sur ses biens anéantis; il rentrera dans leur libre possession, sans que personne lui puisse rien demander en mon nom. Outre cette remise de sa dette, je lui donne cent mille écus une fois payés après ma mort. L'équité me porte à lui faire ces avantages en compensation du pouvoir que je lui donne par l'article suivant. IV. Il sera stipulé, énoncé dans les termes les plus clairs et les plus précis, il sera constaté par toutes les formalités prescrites pour rendre un acte valide, inattaquable, que je conserverai l'entière jouissance de ma fortune et la pleine liberté d'en disposer à mon gré ; que, chargée seule de ma maison, des dépenses relatives à cet objet, je prendrai l'état que je jugerai convenable à mes revenus, et qu'il me permettront de maintenir. V. M. de C***. voudra bien quitter son hôtel, et habiter avec moi celui que mon père faisait bâtir ; achevé un an avant sa mort, il est prêt à me recevoir ; sa situation agréable et riante me le fait préférer à toute autre demeure. Pour m'expliquer sans détour, j'exige que M. le comte de C***. consente à vivre avec moi, à s'y regarder, à s'y conduire, non comme un mari, titre qui se change bientôt en celui de maître, mais comme un ami reçu avec distinction dans une maison étrangère. Les droits de cet ami doivent se borner à se voir bien traité, et ne jamais s'étendre à contrarier les goûts ou combattre les volontés de celle qui l'admet à partager son habitation et les agrémens que le desir de se rendre heureuse doit naturellement lui procurer. Fait double entre nous. A Paris, ce 15 avril 1786.

Signé ADÉLAÏDE V***. Le C. de C***.

Les Parisiennes surpassent en agrémens et en vivacité toutes les femmes du monde, observe un auteur moraliste; aussi ont-elles la facilité de persuader, de gagner tout à elles, et de ne perdre jamais rien. Elles ont aussi le privilége de commander à leurs maris, et de n'obéir à personne.....Les plus belles commandent aux hommes, comme reines, à leurs maris comme à des hommes, et à leurs amans comme à des esclaves.

Les femmes de Paris, observe un autre écrivain philosophe, doivent peut-être plus à l'art qu'à la nature tous leurs moyens de séduction. Il serait difficile de porter plus loin les grâces du maintien, l'élégance de la tournure, et la disposition de tout ce qui peut ajouter à la beauté. Une coquetterie exagérée, et poussée trop loin pour se concilier jamais avec le véritable amour, forme le plus souvent le trait principal de leur caractère; elle s'associe avec la vanité, et donne au desir de plaire la physionomie d'une ambition extrême et exclusive. Les habitudes frivoles, le goût du luxe, et une foule de petites passions qui ne donnent jamais le bonheur, viennent aussi se mêler à ces dispositions, et concourent avec la coquetterie à détruire cette heureuse sensibilité qui fait le principal attribut de la femme.

Il est bien difficile que l'amitié réelle puisse régner entre les femmes, surtout dans le cœur de celles qui sont en âge de plaire; ce sentiment est trop souvent altéré, ou même détruit, par la rivalité de la beauté, de l'amour et de la coquetterie. Pourquoi donc est-il maintenant un si grand nombre de femmes qui cherchent à persuader à leurs amies qu'elles ont pour elles le plus tendre attachement? Nous n'entreprendrons point de résoudre cette question délicate. Il nous suffira de prouver, par un seul exemple, quelle est la manière d'aimer des femmes. Mesdames de Sainte-Honorine et de Beaulieu étaient deux inséparables, qui ne pouvaient vivre l'une sans l'autre ; on les voyait se montrer ensemble aux promenades, aux spectacles ; si l'on voulait avoir une d'elles à un souper, il fallait nécessairement les y inviter toutes les deux. Ariste, l'un des hommes de leur société, alla faire une visite à madame de Sainte-Honorine, au moment qu'elle était à sa toilette, c'est-à-dire dans l'instant que les deux amies se livraient séparément aux soins de leur parure ; la conversation ne tarda pas à tomber sur madame de Beaulieu, et Ariste crut montrer un intérêt bien louable en demandant de ses nouvelles. « C'est une charmante femme, répondit madame de Sainte-Honorine, et je l'aime de tout mon cœur. Je me flatterais qu'elle me préférerait à tout le monde, si elle n'était pas si vaine de son pied mignon et de sa jolie main ; elle n'a des yeux que pour les considérer, et s'applique sans cesse à fixer sur eux les regards de toutes les personnes qui l'entourent, sans prendre garde au ridicule inconcevable dont elle se couvre. Est-elle assise, elle avance fort indécemment son pied, vous parle de l'élégance de sa chaussure ou de la maladresse de son cordonnier, qui lui fait toujours des souliers d'une largeur affreuse. Tout en tenant ces discours insipides, elle ôte et remet ses gants, sous prétexte de vous faire voir ses bagues. En vérité, j'ai toutes les peines du monde à m'empêcher de lui rire au nez. » Aussi surpris que scandalisé de telles confidences, Ariste fut curieux de savoir si madame de Beaulieu ressentait une amitié plus véritable; il se rendit chez elle le lendemain matin, et lui dit qu'il avait eu le plaisir de voir la veille madame de Sainte-Honorine. «Elle a un mérite infini, s'écria la prétendue amie, et personne ne m'est plus cher. Mais je voudrais qu'on l'avertît charitablement du ridicule dont elle se couvre. Quoiqu'elle ait de beaucoup passé son automne, elle est une des premières à saisir les modes. Rien de si plaisant que de voir son vieux visage, sous un bonnet élégant, ou enlaidir un chapeau du dernier goût. Malgré sa taille courte et épaisse, ne s'avise-t-elle pas de s'affubler d'une robe à la lévite, à la circassienne; ajoutez à tout cela ses minauderies, l'air enfantin qu'elle s'efforce de prendre, son application continuelle à se mordre les lèvres, non pour se rendre la bouche plus petite, ce serait impossible, mais afin de cacher le désordre de ses dents. » Comme madame de Beaulieu achevait ce discours, son amie entra sans se faire annoncer, et elles volèrent aussitôt dans les bras l'une de l'autre.

Les femmes sont-elles plus sincères et plus tendres en se livrant au sentiment de l'amour ? C'est ce que pourrait expliquer le trait suivant. Une femme jolie et galante, mais qui avait du moins le mérite de ne point chercher à en imposer par des dehors hypocrites, étant un jour grondée de sa facilité à tout accorder à ses amans, répondit au prêcheur : « Cela leur fait tant de plaisir, et à moi si peu de peine ! »

Elles ne se piquent pas non plus de sincérité à l'égard de leur âge. Une mère et son fils passaient un contrat chez un notaire; et dans cet acte, il fallait que leur âge fût énoncé. Le fils avait accusé le sien. « Vingt-quatre ans, dit-il. » La mère se présente à son tour, qui, n'ayant point entendu son fils, et ne voulant avouer que l'âge qu'elle se donnait dans le monde, dit aussi, vingt-quatre ans. « Ma mère, lui dit tout bas son fils, dites vingt-cinq, pour raison. — Pour quelle raison, reprit-elle avec impatience ? —

C'est à cause que j'en ai vingt-quatre; et comme vous êtes ma mère, il faut absolument que vous soyez née avant moi. »

La foule nombreuse des courtisannes du bon ton, qui arrêtent dans leurs filets la jeunesse la plus brillante, et l'enlèvent aux autres femmes, a fait naître à Paris une espèce de femmes qui, sans avoir l'effronterie du vice, n'ont pas l'austère rigueur de la vertu : elles n'ont pas la même assurance dans le maintien, mais leur regard est à peu-près aussi complaisant : elles ne reçoivent point d'argent, mais elles acceptent des bijoux ; elles ont perdu au jeu, elles se plaignent tout bas d'être ruinées, et on leur prête secrètement de quoi n'être pas grondées de leurs maris, qu'elles savent craindre et non pas respecter. L'homme qui veut les posséder, n'aura guère que la peine de changer leur navette, leur étui, leurs boîtes, parce que l'or 'nne sera point de plusieurs couleurs; et qu'il est indispensable que la mode à cet égard soit suivie. L'honneur d'une fille est à elle, elle y regarde à deux fois. L'honneur d'une femme est à son mari, elle y regarde moins.

Quand il n'est que petit jour chez madame, les bons amis et les petits chiens ont la liberté d'entrer ; les volets ne sont qu'à demi-ouverts : il ne commence à être jour qu'à onze heures sonnées. Quelques femmes à Paris ne se lèvent que vers le soir, et se couchent lorsque l'aurore paraît. Une femme bel-esprit adopte ordinairement cette coutume, et on l'appelle *une Lampe*. (Mercier.)

Peu s'en faut que la beauté ne devienne immortelle, d'après l'importante découverte que vient de faire M.elle Mathieu. (Et il était bien naturel que l'on fût redevable à une femme de ce grand secret de toilette.) Cette demoiselle, demeurant à Paris, rue de l'Arbre-Sec, n° 35, était parvenue à composer une eau, ou cosmétique admirable, qui blanchissait la peau, lui donnait de la fraîcheur et du velouté, faisait disparaître les taches, enchaînait la main du temps, l'empêchait de s'appesantir et de creuser les rides profondes où s'ensevelissent la jeunesse et les grâces. Les chimistes nommèrent une commission pour analyser cette eau merveilleuse. Les savans rapporteurs, MM. Morclat et Bouillon-Lagrange, sans nier aucun des avantages qu'on attribuait à cette eau, qu'on pourrait appeler *divine*, affirmèrent qu'elle ne contenait aucune substance nuisible, et qu'elle pouvait être employée avec confiance. La société de médecine adopta le rapport de cette commission (1).

Ainsi, au don de la beauté presque inaltérable, les femmes vont réunir les avantages de la séduction et des charmes

(1) Au moment que nous publions notre ouvrage (1808), la demoiselle existe à l'adresse que nous avons indiquée.

que l'on goûte dans leur société; ces charmes acquerront même un attrait bien plus puissant. D'ailleurs les femmes ont grand tort de prétendre qu'elles ne jouent pas le premier rôle dans le monde : si elles n'exercent aucunes charges dans la magistrature et dans le militaire, elles les font souvent accorder à qui bon leur semble, et elles voient à leurs pieds les personnages les plus graves et les plus illustres. Toute notre félicité est de leur plaire, et elles sont également la cause de nos meilleures actions et de nos folies. Remarquez les distinctions flatteuses qu'on a pour elles, surtout à Paris : de nos jours un mari n'est plus le maître dans sa propre maison; c'est Madame qui fixe le nombre des convives, qui prescrit les fêtes, qui fait des dettes considérables. Il serait d'un mauvais ton de dire actuellement : j'ai mangé chez un tel; il faut seulement faire mention de la maîtresse du logis. Combien de femmes de nos jours, observe un écrivain, dont les maris sont éclipsés entièrement par l'éclat de la réputation de leur brillante moitié ! Et si elles écrivaient des Mémoires, elles n'imagineraient pas de parler de leurs maris, dont personne ne prononce le nom dans le monde, et qui sont à peine connus dans leur maison.

Les femmes ne veulent pas seulement être maîtresses chez elles, elles veulent encore être contredites. « Quoi ! tu pré-
» tends me faire périr, scélérat, disait
» à grands cris une femme en pleurs.
» Je vais mourir, je suis morte. » Les voisins accoururent, croyant que son mari l'égorgeait ; ils la trouvèrent se meurtrissant la figure et s'arrachant les cheveux, tandis que le mari tranquille, assis auprès d'une table, regardait avec pitié un livre qu'elle tenait à la main, et dont elle avait déchiré la moitié. « Qu'est ce
» donc, Madame, lui dirent-ils ? nous
» avons cru qu'on vous tuait ; nous
» venions à votre secours. — Ne voyez-
» vous pas qu'il m'a mis en colère ?
» Le misérable ne répondra point seule-

» ment un mot. N'est-ce pas me faire
» mourir ? »

Que peut faire un époux indignement trompé par sa femme ? Nous lui conseillons de se taire, et d'éviter un éclat encore plus fâcheux pour lui, que pour l'épouse infidelle. Il faudrait que tous ceux qui ont le malheur de se trouver dans le même cas, eussent la force d'esprit de suivre l'exemple que nous allons leur proposer. Un mari arrivait dans la capitale, après avoir séjourné pendant plusieurs années en province ; sa tendre moitié lui présente quatre jolis petits garçons. « Qu'est ce que cette troupe
» d'amours ? — Eh ! ce sont nos enfans,
» répondit tranquillement la dame. —
» Je ne me croyais pas une aussi aimable
» famille, dit-il froidement ; et il ajoute
» un moment après : Oh ça ! ma bonne,
» nous n'en ferons plus d'autres, nous en
» avons assez, n'est-ce pas ? — Comme
» vous voudrez, mon ami. » Et rien n'altéra par la suite le rare bonheur de ce couple si singulièrement raisonnable.

Il existait à Paris un phénomène conjugal; c'était une jolie femme qui résistait à toutes les douceurs que lui débitaient les galans; mais la vanité seule, non la vertu, l'obligeait à une conduite si peu commune: elle était dans l'opinion que les plaisirs de l'amour nuisaient à la beauté et sur-tout à la fraîcheur de son teint, qu'elle avait effectivement admirable; en conséquence de son idée, elle repoussait jusqu'aux caresses de son époux; elle aimait mieux s'en tenir à la satisfaction d'être belle, que de perdre ses attraits, en goûtant les délices d'une tendre et honnête passion.

Cette dame si peu louable même de sa sagesse, avait néanmoins beaucoup d'esprit. Elle jouait un jour au jeu de société appelé des *comparaisons*, et qui consiste à trouver des rapports justes avec une chose dite au hasard. Ayant comparé la pensée de quelqu'un à un œuf, on lui dit qu'il s'agissait du mariage; et voici comment elle expliqua l'analogie de ces deux choses, si différentes au premier coup d'œil: « Rien de si semblable, dit-elle, car ils ne sont bons tous deux que le premier jour. »

Le comte de D*** écrivit à la marquise de F*** une grande lettre sur la frivolité de sa femme, et sur celle des Parisiennes élégantes. Cette missive, quoique fort longue, doit trouver ici sa place. « Vous ne me jugez que d'après les apparences, Madame, et vous me supposez l'homme du monde le plus heureux, lorsqu'il s'en faut de beaucoup que je le sois. C'est une confidence que je veux bien vous faire; mais à condition que vous serez aussi discrète sur ce que je vais vous révéler, qu'une femme tendre l'est ordinairement à l'égard de ses jolis péchés.

» Ma fortune est considérable, et je paie mes dettes, comme un simple bourgeois; je jouis d'une santé vigoureuse, quoique mes pareils soient accablés, à trente ans, d'une vieillesse anticipée; ajoutez à tous ces avantages si rares que ma femme, jeune et jolie, m'a apporté des biens immenses, et que sa naissance est égale à la mienne. Cependant je ne suis point heureux, je le répète. Tous mes chagrins viennent de la personne qui devrait contribuer à mon bonheur. Vous voyez bien, Madame, que mes plaintes concernent mon épouse, et vous allez vous écrier que je suis un des martyrs de l'hymen : du moins je ne suis pas un de ceux qu'il fait rougir. Les tourmens qu'il me cause ne viennent que de l'humeur, de l'entêtement et de la frivolité de ma trop chère compagne. Le seul moment où elle ait été disposée à faire ma volonté, c'est celui où elle m'a donné la main ; et plût au ciel qu'elle n'eût jamais eu cette complaisance-là pour moi !

» Mais elle n'est pas personnellement coupable à mon égard ; les vices de son caractère sont puisés dans les sentimens qu'on lui inspira dès son enfance. Rien de si ridicule que l'éducation qu'on donne à Paris aux filles qu'on appelle *bien nées*. Les mères les forment sur leurs idées ou leur modèle, et elles n'en font communément que des machines aussi impatientantes qu'elles le sont elles-mêmes. On peut dire avec vérité que le plan de la plupart des mères est moins de marier avantageusement leurs filles que de s'en débarrasser. Dans ce point de vue, elles ne s'occupent que de ce qui pourra les instruire à plaire et à séduire. On élève une jeune personne dans la maison paternelle jusqu'à neuf ou dix ans; durant cette époque, elle voit les bonnes, les femmes-de-chambre, ses domestiques flatter ses fantaisies, ses caprices, et tout le monde en général s'extasier sur ses grâces et sur son esprit; elle entend disserter les amies de sa mère sur les modes, les bijoux, les pompons, les bagatelles coûteuses et tous les rafinemens de la coquetterie; et elle pratique avec

ses

ses petites camarades, et même avec sa poupée, les leçons qu'elle reçoit. Au milieu de ces graves occupations et des cajoleries dont elle est l'objet, elle grandit; le temps de sa poupée commence à passer, elle va bientôt être une poupée elle-même; alors, pour la disposer à paraître dans le monde, on la met au couvent où elle apprend peu de chose, ou plutôt rien du tout. On est trop heureux si elle n'y a pas acquis l'air de la maussaderie et de la maladresse. Pour la façonner peu-à-peu, on lui donne des maîtres de grammaire, de géographie, d'histoire, de danse et de musique. Comme les objets de frivolité sont ceux auxquels elle accorde une préférence décidée, on lui fait entendre qu'elle se rendra encore plus jolie, en possédant l'art de se parer, de se coiffer, de se mettre avec goût, et d'employer utilement les recherches de la coquetterie. Enchantée des louanges qu'on lui prodigue, la toilette devient pour elle une étude sérieuse. Elle se redresse avec complaisance toutes les fois qu'on lui débite des paroles flatteuses. De là le penchant extrême pour les bijoux, les robes bisarres et renouvelées chaque jour, et mille extravagances qui jettent les pauvres maris dans une dépense prodigieuse, sans qu'ils osent s'en plaindre.

» C'est d'après ces principes et l'exemple d'une mère frivole, que ma femme a été élevée ; aussi sa conduite me le rappelle tous les jours. Elle se lève sur les onze heures, et jamais, depuis son mariage, on ne l'a vu une seule fois prête à se mettre à table pour dîner. Quand j'ai du monde, jugez de l'embarras où je me trouve. En vain lui fais-je dire qu'on a servi, qu'on n'attend qu'elle ; sa réponse ordinaire est qu'elle va venir, qu'il ne faut pas l'attendre, qu'on se mette toujours à table sans elle. Cette ridiculité m'impatiente à un point que je ne puis vous exprimer. Enfin elle arrive au quart du dîner, et elle est en peignoir et les cheveux épars.

» Vous vous doutez bien, Madame, que ce n'est pas là ce qui me désole. La crainte des femmes est de s'ennuyer depuis cinq heures du soir jusqu'à trois heures du matin. Pour remplir le vide de leurs têtes, il faut savoir quelles sont les assemblées les plus nombreuses; il faut choisir la maison où l'on ira souper. Tous les domestiques sont en course pour porter vingt billets inutiles; enfin une partie s'arrange, et la toilette est achevée vers les six heures du soir. Elle arrive à la Comédie Française lorsque la pièce est à moitié jouée; le bruit qu'elle fait en entrant l'annonce dans toute la salle; tous les yeux se tournent sur elle, et son amour-propre s'applaudit de ce qu'elle est remarquée, tandis qu'elle est l'objet des plaisanteries du public. Ma légère moitié n'entend pas un mot de la pièce; elle bâille, elle est distraite, elle a des vapeurs; elle voudrait être à l'Opéra, au Waux-Hall, au Panthéon, à vingt endroits à-la-fois. Lorsque le spectacle est fini, elle ne s'empresse point de sortir de sa loge ; elle appréhende la foule qu'elle recherche ; sa voiture rompt plusieurs fois la file et augmente l'embarras ; elle s'y jette à la fin, et court faire deux ou trois visites, et arrive à onze heures passées (1) dans la maison où elle est attendue. Elle se met au jeu ; et laisse annoncer plusieurs fois qu'il est temps de souper. En sortant de table, on achève les parties de jeu, et elle veille par air jusques à trois heures.

» On croirait peut-être que rentrée chez elle, elle n'a rien de plus pressé que de se coucher ; mais point du tout, son déshabillé se fait avec une lenteur extrême, et la toilette de nuit est presque aussi longue que celle du jour.

» Si ma chère femme est forcée de rester chez elle pour y souper, elle ne

(1) Avant la Révolution, les spectacles commençaient à six heures au plus tard, et finissaient à dix heures. Tout le monde y gagnait, le public, les comédiens, et les différens artistes.

s'y rend pas de meilleure heure, et fait des excuses qui n'ont pas le sens commun. On sert le souper, et c'est le moment qu'elle a choisi pour écrire quelque missive.

» Dès huit heures du matin, je vois une foule de marchands et d'ouvriers assemblés dans l'antichambre de Madame. Elle leur avait donné rendez-vous de bonne heure, quoiqu'il ne soit jour chez elle qu'à midi. Mais les personnes qui perdent leur temps sont dans l'usage de le faire perdre aux autres : elles n'en connaissent pas le prix.

» Les dimanches et les fêtes, ma moitié n'arrive à l'église que lorsque tout le monde est sur le point d'en sortir; et je ne crois pas que de sa vie elle ait entendu une messe entière. Elle n'est pas plus vigilante lorsqu'il s'agit de sortir avec moi : elle me fait ordinairement attendre deux heures.

» Ces défauts paraissent de peu de conséquence dans la société; mais il n'en est pas moins vrai que dans ceux qui en éprouvent les inconvéniens, ils détruisent le bonheur de la vie. Pourquoi la mode n'est-elle pas venue de donner des maîtres de bon sens et de raison, au-lieu de tous ces maîtres d'agrément, qui ne disent rien au cœur et à l'esprit ?

» On prétend que tous les caractères sont épuisés au théâtre; je nie cette assertion. Celui de ma femme n'a point encore été traité: il paraîtrait avec avantage sur la scène.

» Les pères et mères disent sans cesse que leurs filles sont bien élevées; mais c'est un mensonge. Elles savent faire la révérence, elles ont des talens agréables; mais elles ignorent absolument les choses essentielles au bonheur de la vie. Il est vrai qu'on en peut citer quelques-unes qui possèdent des qualités solides. Par malheur, elles sont en si petit nombre, qu'elles ne sauraient rien changer à la règle générale. Pour moi, je prends patience; mais je n'en suis pas moins désolé de n'avoir, au lieu d'une femme, qu'un automate, qu'une simple poupée parlante. »

J'aime cette grosse saillie du Chaudronnier de Saint-Flour, qui entendant dire que sa charmante nièce a un maître de géométrie, s'écrie : je parie qu'elle ne sait pas *tailler la soupe*.

Espérons que l'expérience des siècles passés éclairera le siècle présent et les siècles à venir, et que l'éducation des jeunes personnes sera enfin dirigée vers le seul but qui soit à desirer, celui de leur apprendre ce qu'il faut pour être un jour épouses aimables et bonnes mères de famille.

CHAPITRE VII.

Les Marchands.

LEs marchands établis dans la capitale sont encore plus polis, plus *enjoleurs* que ceux de province. En voici un exemple rapporté par Marivaux, et qui est très conforme à ce qui se passe de nos jours. Un provincial, nouvellement débarqué dans Paris, entra dans la boutique d'une riche marchande, pour y faire une emplette considérable. D'abord, salut gracieux étalage empressé; la marchandise ne lui plaisait pas; il préparait un refus de la prendre, et n'osait le prononcer; la reconnaissance pour tant d'honnêtetés l'arrêtait; plus il hésitait, plus la marchande prodiguait à son homme de nouveaux motifs de reconnaissance : de dépit de lui voir prendre tant de peine, de n'avoir pas la force d'être ingrat, il se lève et tire sa bourse. Tenez, Madame, lui dit-il, votre marchandise ne me convient pas, et je n'ai nulle envie de la prendre; vous m'avez accablé d'honnêtetés, et j'en enrage; je n'ai pas le front de sortir sans acheter quelque chose; voilà ma bourse, je vous laisse la liberté de me vendre ou de me renvoyer; le dernier m'obligera davantage. Ce discours ne déconcerta pas la marchande, tandis que le provincial croyait avoir trouvé le secret de se tirer d'affaire. Ce que vous me dites est trop obligeant, lui répliqua-t-elle; je n'ai pas le cœur moins bon que vous, Monsieur, et je ne puis mieux répondre à la bonté du vôtre, qu'en vous vendant ma marchandise au meilleur marché possible; j'en sais la valeur, et vous seriez assurément trompé ailleurs: je veux vous faire du bien malgré que vous en ayez. Là-dessus, elle ouvrit la bourse, en prit ce qu'il lui fallait, fit couper la marchandise et la livra à notre provincial, qui sortit satisfait et mécontent.

Ce serait fort mal parler maintenant que de dire à certains détailleurs, *votre boutique;* il faut dire : *votre magasin.* L'orgueil se glisse dans toutes les professions : malheureusement on n'a pas autant de richesse que de sotte vanité.

Le luxe est à Paris dans un tel excès, lit-on dans un ancien ouvrage (*Saint-Evrémoniana*), que qui voudrait enrichir trois cents villes, il suffirait de détruire Paris, et d'y transporter toutes les dépouilles de la capitale. On y voit briller une infinité de boutiques, où l'on ne vend que les choses dont on n'a aucun besoin : jugez du nombre des autres, où l'on achète celles qui sont nécessaires.

Le luxe est ruineux pour les marchands en tout genre ; il leur faut maintenant des boiseries, des sculptures, des verres de Bohême, plusieurs quinquets. Autrefois (il peut y avoir trente ans), dit un fameux journaliste (celui de l'*Empire*), le marchand citadin affectait une extrême simplicité comme l'indice de la longue continuité dans sa famille d'un même commerce, qu'aucun accident n'avait interrompu; il dédaignait et laissait au forain le luxe du luminaire et d'une propreté plus recherchée. Pour lui, sa boutique ouverte depuis le matin, au vent et à la froidure, se fermait à la chûte du jour.... Durant l'hiver rigoureux de 1784, on voyait encore, rue Saint-Honoré et dans les rues adjacentes, quelques-unes de ces boutiques ouvertes, où une mère et ses filles passaient les jours entiers sans autre moyen de se chauffer, qu'un peu de charbon allumé dans une poêle de cuivre.... Il me semble qu'on peut attribuer à quelques circonstances particulières la métamorphose si prompte et si grande d'une classe de citoyens qui avait résisté avec une courageuse persévérance au torrent des innovations.....On peut les trouver dans l'exemple des marchands forains et dans ceux qui se fixèrent au Palais-Royal..... Il fallut rivaliser d'éclat à l'envi l'un de l'autre, pour attirer les chalands..... Les glaces de grand volume, le bronze ciselé, le cristal taillé en lustres, le marbre et les bois précieux enrichis de sculptures, les peintures faites par d'habiles maîtres, devinrent les ornemens ordinaires de la boutique du parfumeur, du marchand d'indienne, du fripier et du marchand de modes.... Il y a telle de ces boutiques dont la décoration et l'ameublement valent beaucoup plus que tout ce qui s'y vendra dans le cours d'une année, sans faire mention de la parure de la marchande, ni de celle des commis..... Ceux qui se ruinent à cette conduite imprudente, trouvent des successeurs qui les imitent. Une boutique tenue sagement par des gens simples et modestes est aujourd'hui une chose rare, et qui devrait appeler l'attention du public.»

Un marchand d'étoffes fit imprimer et répandre dans cette capitale, un petit écrit qui disait beaucoup de choses en peu de mots, attendu qu'il faisait voir combien de certaines modes sont nuisibles au commerce et à nos manufactures. « La mode des robes à la Polonaise, di-
» sait-il, et celle des robes à la Lévite,
» dont la forme est si enfantine et l'étoffe
» si légère, ont fait tomber absolument
» toutes nos manufactures, où se fabri-
» quaient autrefois ces belles étoffes qui,
» à la richesse de la matière, réunissaient
» la perfection du travail, l'élégance et
» la majesté du dessin, et qui donnaient
» tant de célébrité à nos fabriques,
» dans toutes les parties de l'univers. Si nos
» grandes dames, si celles qui jouissent
» d'une brillante fortune, continuent à
» se livrer au goût bisarre qu'elles ont
» pour les habillemens mesquins aujour-
» d'hui en vogue, c'en est fait pour tou-
» jours d'une branche de travail qui faisait
» tant d'honneur à l'industrie française.»

Selon toute apparence, les sujets de plainte de ce commerçant ne sont pas prêts à cesser; et il est fâcheux que les femmes n'ont jamais été vêtues d'une manière si élégante que depuis qu'elles ont adopté les robes légères de toile blanche ou de mousseline. La finesse de leur taille et leurs formes enchanteresses ravissent tous les regards; on les prendrait pour autant de nymphes ou de silphides, et sans doute qu'elles en ont la légèreté.

Quelques marchands s'avisent d'adopter des enseignes singulières, afin d'attirer de nombreux acheteurs, en leur faisant prendre le change. L'un d'eux fit insérer dans les papiers publics, que les *Gagne Deniers*, demeurant à tel endroit, avaient de beaux et bons draps à vendre. On s'imagina que c'étaient des hommes consciencieux qui voulaient se contenter d'un léger bénéfice; on se rendit avec empressement au lieu désigné, et l'on trouva dans un vaste magasin, deux espèces de petits-maîtres, qui vendaient leurs marchandises aussi cher qu'ailleurs.

Un autre publia dans les journaux, que *la Petite Nanette* venait de recevoir des étoffes et des toiles qu'elle offrait au meilleur marché possible. Les amateurs du beau sexe se persuadèrent alors que la *Petite Nanette*, ainsi que son nom l'indiquait, était une jeune et jolie marchande, et qu'en lui donnant la préférence, ils auraient le plaisir de la voir, et peut-être de faire connaissance avec une personne charmante. Ils courent, ils volent à ce temple des grâces..... Mais quels furent leur dépit et leur confusion ! il n'existait dans ce magasin pas même l'ombre d'une femme ; ils ne voient que trois ou quatre commis, à la mine ricaneuse, qui répondent que la *Petite Nanette* n'est qu'en peinture sur l'enseigne de leur magasin.

Ce qui nuisait le plus autrefois à la fortune des marchands, c'était le crédit qu'il leur fallait faire à la plupart des grands seigneurs, qui négligeaient trop souvent de payer leurs dettes. Un marchand vint présenter son mémoire à un duc et pair; comme il insistait vivement sur le besoin extrême qu'il avait d'argent, M. le duc lui donna un soufflet; et voilà tout ce qu'il eut. Quelque temps après, le pauvre diable de marchand fut contraint de revenir à la charge, et présenta très-humblement une nouvelle copie de son mémoire. Est-ce qu'il n'a pas eu quelques à-comptes, demanda négligemment l'important personnage à son intendant ? — Pardonnez-moi, Monseigneur, répondit celui-ci, il a reçu un soufflet. L'homme titré sourit, et le marchand fut payé.

Un petit-maître qui n'avait de recommandable que ses habits, encore en devait-il l'étoffe et la façon, fut rencontré dans une rue par son tailleur, qui l'arrêta en lui disant : «Mais, Monsieur, apprenez-

» moi donc quand vous me donnerez de » l'argent ? » Sans se déconcerter, le fat le regarde, et lui répond : « Vous êtes bien curieux, vous voulez que je vous dise une chose que je ne sais pas moi-même. »

Combien de gens riches sont souvent réduits aux expédiens, et passent alternativement chaque mois de l'extrême abondance à une disette absolue ! Tantôt ils sont riches en effets et en bijoux; tantôt ils mettent en gage non-seulement ce qu'ils ont de précieux, mais encore jusqu'à leur garde-robe. Aussi le valet d'un petit-maître disait qu'on n'était nulle part si dévot qu'à Paris, parce qu'on y fait souvent des voyages au Mont-de-Piété.

Ils sont loin d'avoir une aussi bonne conduite et d'imiter l'économie de la dame titrée dont nous allons faire mention. Une femme mise en grisette, accompagnée d'un homme vêtu simplement d'un habit gris, entra un jour chez un de ces fripiers qui revendaient la magnifique garde-robe des seigneurs et dames de la cour, que l'étiquette obligeait souvent à renouveler leur riche et brillante parure. L'espèce de grisette se fit montrer les robes les plus belles, en choisit une de chaque saison, convint enfin du prix, après avoir beaucoup marchandé, et laissa son adresse pour qu'on lui apportât le lendemain ce dont elle avait fait emplette. La carte qu'elle remit au marchand ne contenait que ces mots : *Hôtel de***, rue de ***. Vous demanderez à parler à la dame.* On crut chez le fripier que ce n'était, tout au plus, qu'une femme-de-chambre; et quand elle fut partie, on se permit même de plaisanter sur le peu de recherche de sa parure, et sur la boue dont sa chaussure et sa robe étaient couvertes, qui semblaient témoigner qu'elle avait traversé tout Paris à pied, avant de monter dans le fiacre délâbré qui l'avait amenée. Le lendemain, le fripier n'eut rien de plus pressé que d'aller livrer sa marchandise et recevoir son argent. Arrivé à l'hôtel désigné, on lui fit traverser plusieurs pièces somptueusement meublées; et on l'introduisit dans un superbe cabinet de toilette. Quelle fut sa surprise, de reconnaître sa grisette de la veille dans madame la comtesse de ****, habillée alors non-seulement d'une manière conforme à son rang, mais encore avec la magnificence qu'exigeait un bal paré auquel elle était invitée. L'étonnement et le trouble du fripier l'amusèrent beaucoup. Après l'avoir payé, elle lui dit en riant : « Vous voyez, mon » cher Monsieur, que toutes les personnes » de mon rang ne sont point victimes du » luxe, et qu'il en est qui ont la sagesse » de se procurer à bon marché ce qui » cause la ruine des autres. »

Certain marchand, protégé par une duchesse, se présente un jour dans l'hôtel d'un très-grand seigneur, et a bien de la peine à percer la foule des supplians qui attendaient audience dans ses antichambres ; des valets insolens les repoussaient en leur assurant que sa *grandeur*, renfermée dans son cabinet, se livrait pour quelques heures à un travail d'une extrême importance. Le marchand, fortement recommandé, est introduit dans l'appartement de Madame, à laquelle il apportait du fil d'or, et apperçoit, non sans surprise, Monseigneur son époux occupé à broder un fauteuil.

Protégé de quelques seigneurs, et attendant chaque jour l'effet de leurs magnifiques promesses, un négociant, retiré du commerce, dissipait son oisiveté en s'ennuyant dans un café, lorsqu'il y rencontra un fabriquant d'étoffes, qu'il avait connu dans sa province, et dont l'air triste, l'extérieur délâbré, annonçaient assez de grands revers de fortune. L'ancien négociant l'assura qu'il tâcherait de lui rendre service, et lui tint parole dès le lendemain, car il n'avait point la façon de penser des gens de cour. Il lui demanda s'il pourrait fabriquer des couvertures de coton; sur la réponse affirmative qu'il reçut, et sachant qu'elles reviendraient à quinze francs pièce, il lui en commanda cinq à six douzaines, et promit de lui en payer le double de leur valeur; mais à condition qu'il se livrerait à ce genre de travail dans le plus grand secret, et aurait soin de taire toujours leurs conventions. Pendant que son homme fabriquait ces couvertures dans le faubourg Saint-Marceau, il alla trouver ses illustres protecteurs, leur dit qu'il avait fait venir de précieuses couvertures d'Alipan, village fameux dans la Perse pour ces sortes d'ouvrages; et que ces couvertures en usage dans les sérails des Orientaux, préservaient des rhumatismes, de la sciatique, de la goutte. On crut d'autant plus facilement la fable, qu'il eut soin de prendre toutes les précautions nécessaires pour lui donner l'air de la vérité; il montra une facture écrite en arabe, et parut recevoir les merveilleuses marchandises par la voie de Marseille. On s'empressa d'en faire l'acquisition, et l'on fut trop heureux de donner dix louis d'une chose qui, dans l'origine, n'avait coûté que dix écus. Ces couvertures de Perse faites à Paris, dans le faubourg Saint-Marceau, devinrent prodigieusement à la mode; le rusé négociant eut longt-temps peine à satisfaire à toutes les demandes.

Cette association rappelle une distraction bien singulière d'un négociant. Il faisait baptiser à Saint-Roch un gros garçon que venait de lui donner son épouse, et emporté par l'habitude, il signa sur les registres de la paroisse, Pierre *et Compagnie*.

La révolution de 1789 dispensa, pendant plusieurs années, de faire baptiser ses enfans; et ce fut là le moindre des désordres qu'elle occasionna. En 1790, le duc de ***, entrant chez un marchand de draps de la rue Saint-Denis, dit : Combien cette étoffe ? — Mon ami, répondit le drapier, trente-six francs l'aune. Le Duc, surpris de ce ton de familiarité, se retira d'un air mécontent. Voilà un noble, dit le marchand à son commis, à qui l'on aura bien de la peine à faire entendre que les hommes sont égaux.... Allons, repliez cette pièce..... Eh! morbleu, vous vous y prenez comme un sot. — Eh ! morbleu, plie-la toi-même, dit le commis en se saisissant de la demi-aune. Le marchand n'osa répliquer, et dut se dire tout bas, qu'il se pourrait bien, comme le Duc paraissait le croire, que les hommes ne fussent pas aussi égaux qu'on avait voulu le lui faire entendre (1).

(1) Nous avons tiré ce trait de l'*Improvisateur Français*, T. VIII; ouvrage digne de son grand succès, et dans lequel on trouve réuni l'agréable et l'utile. On pourrait, par cette lecture si diversifiée, apprendre parfaitement l'orthographe tout en s'amusant.

CHAPITRE VIII.

Les Domestiques.

Il est beaucoup plus difficile qu'ailleurs de se procurer à Paris un bon domestique : cette classe d'hommes y trouve trop d'occasions de se pervertir, et il lui est trop aisé de changer de maîtres plus riches les uns que les autres. Cependant on a quelquefois le bonheur de rencontrer d'excellens sujets, tant pour la fidélité que pour l'attachement. Nous allons parler ici des uns et des autres ; et c'est par les bons serviteurs que nous allons commencer.

Un jeune homme d'une famille distinguée ne se vit pas plutôt maître de son bien, qu'il se hâta de le dépenser dans les plaisirs, au jeu et avec les femmes.

Au bout de cinq ou six ans, il eut dissipé toute sa fortune; alors son bonheur s'évanouit comme un songe, et il ne put se dissimuler que c'était par sa faute. Il ne lui restait qu'un fidèle domestique, qui ne voulut point le quitter, malgré son extrême indigence. Ce zélé serviteur, pénétré de la misère où son maître était réduit, lui dit un jour : Vous ne savez aucun métier pour gagner votre vie, et les sentimens que vous inspire votre naissance vous empêchent de subsister à l'aide de vos bras. Eh bien, mon cher maître, c'est à moi de vous nourrir. Sans s'expliquer davantage, il court faire emplette d'un crochet, porte des fardeaux, travaille avec un courage infatigable pendant le jour, et le soir il apporte à l'infortuné tout ce qu'il a pu gagner à la sueur de son front. Pour lui rendre la vie plus aisée, il allait encore au commencement de la nuit demander l'aumône. Tant d'humanité, cet attachement presque sans exemple, reçurent leur récompense; le jeune homme qui lui était si redevable, hérita tout-à-coup d'un oncle très-riche, répara, par une meilleure conduite, ses fautes passées, et fit une pension considérable à l'estimable domestique.

Le philosophe de Genève (J. J. Rousseau) rapporte le trait qu'on va lire de l'attachement d'un vieux domestique. Voulant récompenser les longs services de son valet-de-chambre, par une retraite honorable, un homme de qualité lui procura un emploi distingué dans les Fermes ; mais ce domestique refusa de l'accepter, et écrivit en ces termes à la fille de son généreux maître, mariée depuis quelques années : « Madame, je » suis âgé, j'ai perdu toute ma famille, » je n'ai plus d'autres parens que mes » maîtres, tout mon espoir est de finir » paisiblement mes jours dans la maison » où je les ai passés. En vous tenant dans » mes bras à votre naissance, je deman- » dai à Dieu de tenir de même un jour vos

» enfans; il m'en a fait la grâce; ne me
» refusez pas celle de les voir croître et
» prospérer comme vous, Madame. Moi
» qui suis accoutumé à vivre dans une
» maison de paix, où en retrouverais-je
» une semblable pour y reposer ma vieil-
» lesse? Ayez la charité d'écrire en ma
» faveur à monsieur le Baron; s'il est
» mécontent de moi, qu'il me chasse et
» ne me donne point d'emploi; mais si
» je l'ai fidèlement servi durant qua-
» rante ans, qu'il me laisse achever mes
» jours à son service et au vôtre, il ne
» saurait mieux me récompenser. »

La veuve Hérault, ancienne débitante de tabac dans l'enclos de l'Abbaye St.-Germain, tomba dans la misére, et presque dans l'enfance, à l'âge de 75 ans, après avoir marié et établi deux de ses enfans. Ne payant point son loyer depuis plusieurs années, elle fut obligée de sortir de sa boutique; en sorte qu'elle n'eut ni feu ni lieu: abandonnée même de ses enfans, elle eût été exposée à périr de faim et de froid, sans le bon cœur d'une servante qui demeurait avec elle depuis vingt-trois ans, et à qui elle devait quinze années de gages; cette brave fille se nommait Marguerite Desmoulins. Elle implora la charité d'un voisin pour obtenir un asile à sa maîtresse dans un coin de sa boutique, et là elle continua le débit de tabac. Comme il était peu considérable, et ne suffisait pas toujours aux besoins de sa chère protégée, elle tâchait d'y pourvoir par le travail du tricot et de la couture, ou bien en vendant ses hardes; elle a même poussé la générosité jusqu'à refuser les conditions qu'on lui offrait, parce que sa maîtresse n'aurait plus eu personne qui en prît soin. Eh! quelle était la récompense que pouvait attendre cette fille si vertueuse? elle ne recueillait pas même le sentiment de la reconnaissance, car la veuve Hérault, hors d'état d'apprécier les services qu'elle lui rendait, s'emportait souvent contre elle jusqu'à la frapper. Sa récompense était dans sa vertu même.

Une autre servante mérita par le trait suivant l'estime des personnes honnêtes, sensibles aux belles actions. Cette fille, nommée La Blonde, était cuisinière depuis vingt-ans d'un sieur Migeon, marchand Pelletier, rue Saint-Honoré. Les affaires de ce négociant s'étant dérangées, sa servante ne l'abandonna point, elle resta chez lui sans recevoir de gages. Le sieur Migeon, quelques années après, mourut à l'Hôtel-Dieu, laissant sans pain une femme de 30 ans et deux enfans en bas âge ; mais l'estimable La Blonde continua de leur prodiguer ses secours ; elle dépensa, pour les nourrir, 1500 francs, unique fruit de son travail et de ses épargnes, et 200 francs de rente que lui procurait son patrimoine. De temps en temps on offrait à la bonne servante une autre condition, et elle répondait : « Qui prendra soin de cette famille, si je

» l'abandonne ? » Enfin, la veuve Migeon, consumée de chagrin, tomba malade ; La Blonde, qui n'avait plus d'argent, vendit son linge, ses hardes, tous ses effets ; elle passa les jours à soulager sa maîtresse mourante, et les nuits elle allait garder des malades pour avoir de quoi subvenir à ses besoins. La veuve Migeon mourut le 28 avril 1787 ; des personnes prétendues charitables proposèrent alors de conduire à l'hôpital les deux enfans, restés sans parens qui pussent les secourir. La généreuse La Blonde s'indigna de cette proposition, et dit qu'à Ruel, son pays natal, ses 200 francs de rente, joints à son travail, suffiraient à leur subsistance et à la sienne.

M. Michel Adanson, membre de l'ancienne académie des Sciences, de l'Institut national, mort en 1806, se trouva dans la situation la plus pénible pendant les orages de la révolution. Une femme, entrée à son service en juin 1783, lui tint lieu de parens, d'amis et de fortune. Tout le temps de la disette d'alimens, de bois, de lumière et de vêtemens, elle le servait paisiblement pendant le jour, et elle employait, à son insu, toutes les nuits à des travaux dont le prix était aussitôt consacré à lui procurer le sucre, le café, sans lesquels il ne pouvait plus se livrer à l'étude, ni à ses expériences de botanique. Le mari de cette femme, de son côté, au service d'un autre maître, dans la ci-devant province de Picardie, envoyait chaque semaine du pain, de la viande, des légumes, et avançait en argent le reste de ses épargnes, pour la nourriture et les autres besoins du philosophe. Aussitôt que les infirmités s'accumulèrent sur la tête du vieillard, et que les soins de la généreuse gouvernante devinrent insuffisans, son mari accourut y joindre les siens, et il ne quitta plus l'octogénaire.

A quels dangers ne sont pas exposées

les pauvres filles qui viennent à Paris se dévouer à la servitude ! Se flattant d'être plus heureuse que dans son village, en se plaçant dans quelque bonne maison, une jeune paysanne se rendit dans cette capitale, et dépensa dans sa route le peu d'argent dont elle s'était munie ; elle n'avait même pris ni certificat de son curé, ni aucune recommandation pour qui que ce fût ; elle croyait qu'aimant le travail, et étant aussi sage que laborieuse, elle ne pouvait manquer d'inspirer un tendre intérêt. Cette bonne paysanne jugeait des habitans des villes d'après la façon de penser franche et confiante des gens de la campagne ; mais quand elle fut arrivée dans Paris, elle se sentit comme perdue au milieu d'un cahos immense : les premières personnes à qui elle s'adressa, pour leur demander un asile, ou pour les prier de lui en indiquer un, la rebutèrent avec dureté, persuadées que c'était une aventurière dont les mœurs devaient être très-suspectes; d'autres lui rirent au nez sans daigner lui répondre. Alors cette infortunée connut que les créatures humaines sont souvent sans humanité; et elle se vit réduite à errer dans les rues, ignorant où elle trouverait un morceau de pain et un asile pour se mettre à l'abri des injures de l'air. On n'eut point la charité de lui indiquer l'hôpital de Ste.-Catherine, où elle aurait pu se retirer pendant trois jours. Il ne lui vint point dans l'idée de demander l'aumône, parce qu'elle s'était rendue à Paris, non dans le dessein de mandier lâchement sa subsistance, mais pour y gagner sa vie par un travail honnête. Sa situation lui parut surtout affreuse lorsque la nuit en eut augmenté l'horreur; des larmes abondantes et des cris plaintifs lui échappèrent dans ces cruels momens, tandis que roulaient autour d'elle les chars élégans d'une infinité de riches plongés dans la mollesse et l'insouciance. Qu'elle déplorait amèrement sa faute d'avoir quitté le séjour de la campagne, où tous les paysans ne semblent former qu'une seule et même famille! Les gémissemens de son désespoir furent enfin entendus d'un homme d'un certain âge; il la fixe, et la trouvant jeune et jolie, elle lui parut intéressante : suivez-moi, lui dit-il, j'ai une place de servante à vous procurer. Aussitôt elle essuie ses larmes et marche sur les pas de son futur bienfaiteur; revenant avec joie à la douce idée que les hommes sont aussi obligeans dans les villes que dans les villages. Elle est conduite dans une petite chambre, et soupe tranquillement avec celui qui s'était offert pour la secourir; mais après le frugal repas dont elle avait tant besoin, elle apprit à connaître par quel motif, dans la capitale, on cherche souvent à obliger les jeunes filles. L'homme qui n'était bienfaisant à son égard que par libertinage, lui déclara qu'il n'avait qu'un lit, et lui fit des propositions qui durent d'autant plus la révolter, qu'elle n'était point accoutumée à respirer l'air empoisonné des villes. Elle résista avec l'ingénuité de l'innocence et le courage d'une paysanne honnête; l'indigne suborneur repoussé plusieurs fois d'un bras robuste, fut obligé de la laisser passer la nuit sur une chaise. Le lendemain, plus piqué que charmé de la sagesse de cette infortunée, il eut la barbarie de la mettre à la porte; mais en la congédiant, entraîné par ce sentiment impérieux qui force souvent l'homme le plus dur à secourir son semblable, il lui donna un billet de la loterie de Piété, qui existait alors, et l'assura que si elle n'était pas destinée à être toujours malheureuse, le présent qu'il lui faisait pourrait un jour lui rapporter quelque chose. La pauvre fille, après avoir erré plusieurs heures dans différens quartiers de Paris, s'arrêta de lassitude dans la rue Saint-Marc, près la boutique d'un marchand bonnetier; assise sur une pierre, elle réfléchissait tristement à sa douloureuse situation, et de grosses larmes coulaient le long de ses joues. Le bonnetier, qui, en robe-de-chambre et en pantouffles, se tenait sur le seuil de sa boutique, fut frappé de l'extrême douleur de la jeune paysanne, et la pria obligeamment de lui en apprendre la cause; elle lui fit un récit fidèle et de son imprudence d'avoir quitté son village, et de l'asile que lui avait donné pendant une nuit un homme qui avait tâché de la séduire, et ne lui avait donné pour toute ressource, en la renvoyant le matin, qu'un petit morceau de papier dont elle ne pouvait déchiffrer l'écriture, attendu qu'elle ne savait ni lire ni écrire. Le marchand s'étant fait montrer ce papier, vit que c'était un billet de loterie, et touché des dangers que courait cette jeune paysanne, il l'adressa à de bonnes gens de sa connaissance, non loin de chez lui, et les chargea d'en prendre soin jusqu'à ce qu'il eût avisé au moyen de la renvoyer dans son village, ou qu'il lui eût procuré une place. Cet estimable marchand voulut garder le billet de loterie jusqu'au jour du tirage, dans la crainte qu'elle ne vînt à le perdre. Qu'il eut lieu de se féliciter de la précaution qu'il avait prise, lorsque la liste des gagnans ayant paru, il vit que le gros lot de 20,000 fr. était échu à ce billet ! Il se hâta d'apprendre cette agréable nouvelle à sa protégée, qui retourna dans son village où elle acheta des terres et une jolie maison, dirigée par les conseils de ce vertueux marchand, et se maria très-avantageusement à un bon fermier qui lui plaisait beaucoup plus que les autres garçons de sa connaissance, et dont elle eut la satisfaction d'augmenter considérablement la fortune.

Cette jeune fille pouvait tomber entre les mains d'une de ces femmes abominables qui cherchent chaque jour, par mille moyens, à grossir le nombre des tristes victimes du libertinage, qu'elles rassemblent dans des maisons où l'on outrage l'amour sous prétexte de faire connaître ses plaisirs.

Une autre jeune paysanne, nommée Catherine, éprouva les malheurs les plus affreux, quoique, à son arrivée à Paris, elle eût été placée dans une bonne maison. Elle était jolie et sage; sa candeur et sa conduite irréprochable la faisaient encore paraître plus belle. Le maître de Catherine, non-seulement la trouva charmante, mais en devint éperdûment amoureux. La résistance de sa servante l'étonna; ses desirs s'en irritèrent, et il mit en vain en usage tous les artifices de la séduction, propos flatteurs; sermens d'aimer toujours, promesses d'une grande fortune. L'estimable et simple créature n'en concevait pas plus d'orgueil; l'homme vil, qui était indigne d'éprouver les délices de l'amour, voyant ses soins, ses efforts inutiles, résolut de perdre l'objet de sa criminelle passion, et forma le projet le plus noir et le plus odieux. Il congédia sa malheureuse servante ; et lorsqu'elle faisait emporter une petite cassette qui renfermait ses hardes, il crie au voleur : on arrête aussitôt l'infortunée, on visite ses effets, et l'on y trouve deux couverts d'argent que le monstre y avait furtivement glissés. La déplorable Catherine est plongée dans un cachot, et réputée coupable de vol. Vainement elle pleure, elle gémit, elle proteste qu'elle est innocente, qu'elle n'a jamais rien dérobé ; la loi s'est élevée contre elle ; les juges, malgré la pitié qui les sollicite en sa faveur, sont contraints de prononcer la punition dûe au crime. Un chirurgien, voulant faire un cours d'anatomie, retire, à prix d'argent, le cadavre des mains de l'exécuteur. Il se hâte de le faire transporter chez lui, où son frère se trouve par hasard : c'était un vieillard respectable, habitant depuis sa jeunesse une sainte retraite, et dont les cheveux blancs et la physionomie austère inspiraient une profonde vénération. Le pieux cénobite, à la vue du cadavre, est ému de compassion. « Avoir été si jeune dans » le vice, dit-il, et avoir mérité une » mort prématurée et ignominieuse ! » Cependant le chirurgien croit s'être apperçu que l'infortunée respire encore ; il lui prodigue tous les secours de son art; elle reprend l'usage de ses sens, elle ouvre les yeux, les tourne sur le religieux, et, frappée de son air imposant et vénérable, elle s'imagine être en présence de Dieu même ; elle se lève, va tomber à ses pieds, les embrasse avec transport, et s'écrie : « Ah ! père Eternel, vous savez mon innocence ! » Ce cri est pour ce religieux et pour son frère celui de la vérité ; ils prennent le plus tendre intérêt à cette malheureuse victime des passions humaines ; ils la comblent de présens, et la font passer secrètement dans une campagne éloignée. Mais elle fut long-temps à recouvrer parfaitement l'usage de la raison ; le supplice infâme qu'elle avait subi dérangea ses organes ;

durant plusieurs mois on la trouvait nuit et jour à genoux, les mains jointes, versant des larmes, et répétant sans cesse ce qu'elle avait dit à ses juges : « Messei- » gneurs, messeigneurs, je vous assure » que je ne suis point une voleuse. »

La villageoise dont nous allons entretenir nos lecteurs était encore plus malheureuse que celle-ci, attendu qu'elle avait réellement une faute à se reprocher. Elle n'était âgée que de seize à dix-sept ans, et servait à Paris depuis plusieurs années, lorsque, pressée par une vieille femme à qui elle devait quelque argent, pour en avoir été logée et nourrie quand elle se trouvait sans condition, elle eut la faiblesse de dérober à la maîtresse chez qui elle servait, un mauvais déshabillé, qu'elle alla vendre, et dont elle retira cent sous. On s'apperçut du vol, dès le même jour; et la bourgeoise, furieuse d'avoir un casaquin de moins, courut aussitôt la dénoncer, sans avoir égard à l'âge de sa servante et aux circonstances qui avaient pu la porter à se rendre coupable. Quelques personnes charitables, à qui la jeune fille avoua sa faute, se hâtèrent de racheter l'effet volé, et le rendirent à celle à qui il appartenait. Mais il n'était plus temps; la pauvre malheureuse fut arrêtée et conduite en prison, et bientôt après condamnée à être pendue. La potence était dressée, le bourreau déjà saisi de sa proie, le peuple assemblé attendait que la victime parût, lorsqu'en descendant l'escalier du grand Châtelet, un homme bienfaisant parvint à lui dire deux mots à l'oreille. Elle s'arrêta sur-le-champ, demanda à parler au lieutenant-criminel, et déclara qu'elle était enceinte des œuvres de son maître. A ces mots, tout fut suspendu; on la ramena en prison pour avoir l'avis des médecins et des sages-femmes. Tout intéressait en faveur de cette infortunée; on présuma que des personnes du premier rang obtinrent sa grâce de l'humanité du monarque. Le mensonge lui semblait la chose la plus odieuse; l'approche d'une mort effrayante put seule la contraindre à changer de façon de penser. Elle avait tant de candeur, que quelqu'un lui ayant reproché d'avoir tout avoué lors de ses différens interrogatoires: « Oh! Monsieur, dit-elle, il n'est pas permis de mentir à la Justice; j'aime mieux mourir que d'être damnée. »

Pour attacher chez lui un laquais qui n'y vivait que trop frugalement, un vieil avare fit ce testament équivoque, et le montra au bon domestique: « Je donne » et lègue au laquais *qui me fermera* » *les yeux* 1200 liv. tournois en argent, » et mon domaine de Varac. » Ce riche si économe mourut enfin. Le domestique demanda son legs aux héritiers. Un d'eux voulut voir le testament; en lisant ces mots: « Je donne et lègue au laquais *qui me fermera les yeux*, » il s'écria avec joie: « La donation est nulle! — Eh !

pourquoi, Monsieur? lui demanda le pauvre diable, en tremblant. — Mon oncle était borgne, répondit celui-ci; tu n'as donc pu lui fermer les yeux. » La justice n'eut point égard à cette distinction subtile et frivole.

L'un des coureurs du comte d'Artois, nommé Blondin, mangeait ordinairement à Versailles dans une auberge où l'on était traité à différens prix. Il s'apperçut, pendant quelques jours, avec beaucoup de peine, qu'un vieil officier, décoré de la croix de Saint-Louis, prenait seul ses repas sur une petite table, dans un coin obscur de la salle. Ne pouvant dissimuler son étonnement, il prit l'hôte en particulier, et le pria de lui dire pourquoi ce militaire, vieillard respectable, ne mangeait point avec les honnêtes gens qui fréquentaient l'auberge? « Vraiment, Monsieur, répondit l'hôte, » c'est qu'il n'a pas beaucoup d'argent, » et qu'il est contraint d'économiser. —

» Que me dites-vous ? (s'écria l'estimable
» Blondin en répandant des larmes) je
» lui dois quatre louis, et je suis désolé de
» ne lui avoir pas encore rendu une
» somme qui peut lui être utile. Tenez,
» la voici. Mettez son couvert à la grande
» table, et cachez-lui, le plus qu'il sera
» possible, que je me suis acquitté de ma
» dette, afin de me donner le plaisir de
» le surprendre. » L'officier fut bien étonné
des attentions que lui témoignait l'aubergiste, et le pressa tant de lui en apprendre
la cause, que cet homme, à qui d'ailleurs
un secret pesait singulièrement, avoua
que pour la dépense qu'il ferait chez lui,
il avait reçu quatre louis de la part d'un
des coureurs du comte d'Artois. Le militaire, confondu du noble procédé de cet
honnête garçon, s'informa de son nom
et de sa demeure, et courut lui exprimer la reconnaissance qu'il ressentait,
et le prier d'accepter une assez belle
tabatière, ou qu'il lui permît de rendre
les quatre louis. L'estimable Blondin ne

voulut absolument rien accepter, et protesta que l'officier n'avait d'autre moyen de reconnaître ses petits services, que de lui confier les affaires qui l'amenaient à Versailles, afin qu'il pût lui procurer la protection du comte d'Artois. Le vieux militaire, enchanté des vertus qui brillaient dans un simple domestique, lui conta avec franchise qu'il venait solliciter une pension, que son indigence et ses longs services devaient lui faire accorder. Le zèle de Blondin redoubla à cet aveu; il prit le mémoire de son protégé, et vola chez le ministre de la guerre. « J'aurais bien pu, Monseigneur, » lui dit-il, intéresser S. A. R. en faveur » de ce respectable infortuné; mais j'ai » pensé que vous me sauriez gré de vous » laisser tout le mérite d'une bonne ac- » tion. » Au bout de quelques jours l'officier reçut un brevet d'une pension de douze cents livres.

Les commissionnaires qu'on emploie

dans Paris, et quelques-uns des cochers de fiacre, sont ordinairement d'une fidélité qu'on ne saurait trop admirer. Un particulier, en sortant du bal de l'Opéra, envoya chercher un carrosse par l'un de ces savoyards qui portent un fallot au service de ceux qui en ont besoin, et il lui donna, sans y prendre garde, un double louis avec quelques menues monnaies. Le porte-fallot ne s'apperçut pas plutôt de l'erreur, qu'il déposa le double louis entre les mains d'un inspecteur de police, afin qu'il le rendît à la personne qui le réclamerait.

Un cocher de fiacre, nommé Joseph Chef-de-Moi, s'apperçut qu'une personne qu'il venait de mener chez elle, avait oublié dans son carrosse un sac rempli d'argent (il y avait 650 livres). Comme il fit cette découverte en arrangeant les coussins de sa voiture, plusieurs heures après que la personne l'eut quitté, il ne put aller lui rappoter ce qu'elle avait perdu que le lendemain de grand matin. Enchantée de retrouver son argent, cette personne lui dit : « On ne peut trop vous » féliciter sur votre rare probité. C'est » par elle, répondit l'honnête cocher, » que je me console de mes peines et de » mon état. »

Non moins estimable, un autre cocher de place trouva dans son carrosse un sac de douze cents livres qu'on y avait oublié, et ne sachant à qui il appartenait, il se hâta de le déposer chez un commissaire. La personne qui avait fait une telle perte, ne tarda pas à la réclamer, et promit, par des affiches, cent écus de récompense. Lorsqu'il vit qu'on allait lui rendre sa somme, il se repentit de la récompense qu'il devait accorder, et s'imagina qu'un homme aussi pauvre que ce cocher, serait content avec beaucoup moins. Pour se disculper de tenir ses engagemens, il se mit à compter son argent en présence du commissaire, et

s'écria

s'écria qu'il lui manquait dix écus. La mauvaise foi de cet homme parut manifeste aux yeux de l'officier de police, qui crut qu'il était de son devoir de l'en punir et de récompenser la probité du malheureux cocher. « Combien aviez-vous d'ar-
» gent dans ce sac, demanda-t-il à l'homme
» avide et intéressé ? — J'y avais douze
» cents trente livres. — En ce cas, reprit
» le commissaire, ce sac de douze cents
» francs n'est point à vous, il appartient
» à ce cocher. »

Un particulier se retirait fort tard à pied par une petite rue près de la porte Saint-Martin; quatre grands coquins se jettent sur lui pour le voler; le malheureux allait payer de sa vie la résistance qu'il leur opposait, lorsqu'un fiacre vint à passer. Le cocher ambulant s'arrête, saute de son siége, ouvre la portière, en s'écriant : « Descendez donc, Messieurs,
» c'est un homme qu'on assassine; vous
» êtes quatre, et avec moi ça fera cinq. »

Les scélérats prennent la fuite; le cocher s'approche, et dit à l'homme qui était blessé: « Montez dans ma voiture, il n'y a personne. » Celui-ci balance, il craint que ce ne soit un piège d'un nouvel assassin. Le cocher le rassure, et le ramène chez lui. Le particulier donne un louis à son libérateur et le prie de revenir le lendemain. « Je ne le puis, répondit ce
» cocher, je perdrais mon rang sur la
» place. — Ne t'en inquiète pas, et fais
» ce que je te dis; tu n'en auras point de
» regret. » Le cocher vint le lendemain; un notaire arriva presque aussitôt que lui, et il fut agréablement surpris, lorsque l'homme qu'il avait secouru la veille lui dit: « Je te dois la vie; accepte,
» mon ami, pour témoignage de ma re-
» connaissance, ce contrat de huit cents
» francs de rente, et sois persuadé que je
» n'oublierai jamais le service que tu
» m'as rendu. »

Le comte de B*** tenait une bonne

maison et se piquait d'en faire les honneurs avec la politesse la plus recherchée. Une de ses attentions principales, lorsqu'il donnait à manger, était de ne garder auprès de lui qu'un de ses gens, et d'ordonner aux autres de se placer derrière les convives qui n'avaient point de domestiques. Il avait rassemblé chez lui, un jour d'hiver, une compagnie nombreuse; les valets, extrêmement occupés, ne pouvaient souvent servir les personnes qui en avaient besoin. Deux hommes recommandables, mais isolés, se trouvèrent placés auprès du marquis de P***, jeune homme aussi étourdi qu'avantageux : ses deux voisins s'adressèrent plusieurs fois à son laquais, pour en obtenir différentes choses ; l'impertinent fit toujours la sourde oreille, et son maître, qui s'en apperçut, eut l'impolitesse de l'autoriser par un dédaigneux silence. Ce procédé n'échappa point à l'attention du maître de la maison ; mais pour ne pas faire de scène mortifiante, il prit sagement le parti de dissimuler son mécontentement. Lorsqu'on fut levé de table, toute la compagnie passa dans le sallon; le comte de B*** resta dans l'antichambre, et appelant le laquais du marquis, qui s'était mis auprès du poêle, avec ses camarades : « Mon ami, lui dit-il, vous n'êtes venu ici uniquement que pour servir votre maître; il n'a plus besoin de vous ; ainsi, allez l'attendre dans la cour avec son carrosse. » Le laquais, craignant la rigueur de la saison, s'excusa du mieux qu'il lui fut possible, et voulut insister ; mais le comte le força de sortir en ajoutant : « Je n'aime point les laquais fats et insolens ; vous gâteriez mes gens; vous ne resterez chez moi que dans les momens où vous serez nécessaire à votre maître. » Il fallut obéir, au risque d'éprouver toute l'âpreté du froid. M. de B*** rentra dans l'appartement, et conta tout haut ce qui venait de se passer. L'approbation générale empêcha le marquis de P*** d'essayer à justifier son laquais ; il parut même approuver la correction; mais il dut sentir qu'elle tombait également sur lui.

CHAPITRE IX.

Suite.

Les laquais des grands seigneurs se donnaient autrefois, entre eux, le nom et les titres de leurs maîtres. Se trouvaient-ils au cabaret, Champagne était appelé, par ses camarades, le duc de***; Bourguignon était gratifié du nom de marquis de***; mons Picard était traité de comte de***, etc., etc. Ce n'est pas encore tout; ils affectaient les manières et les ridicules de leurs maîtres, qui se seraient donné une comédie aussi plaisante qu'utile, s'ils avaient pu voir et entendre quelques-unes de ces scènes particulières. Un des plus dégourdis laquais qui fut alors dans la capitale, savait si bien contrefaire son maître, qu'il l'imitait à s'y méprendre, et que celui-ci prenait sou-

vent plaisir à rire de sa copie. Un matin, que l'original était parti pour la campagne, dans la voiture d'un de ses amis, le rusé Lafleur, d'accord avec ses camarades, se mit dans le lit du seigneur qu'il servait, et contrefaisant sa voix, sa figure, il fit appeler la femme-de-charge, qui était gardienne de tout ce qu'on avait desservi de dessus la table, et lui dit, du ton du maître: « Michelle, donnez tout-à-
» l'heure à mes gens le pâté d'Amiens,
» qu'on m'envoya ces jours derniers;
» je ne me porte pas assez bien pour en
» manger, et s'il était gardé plus long-
» temps, il pourrait se gâter; j'aime
» mieux qu'ils en profitent que de le
» laisser perdre; vous y ajouterez huit
» bouteilles de mon vin pour le faire
» passer; bien entendu que vous serez
» de ce repas. » Michelle obéit sur-le-champ à des ordres qu'elle croyait venir de son maître. Cependant cette profusion extraordinaire lui faisait mal au

cœur, car elle était fort économe. Mais elle s'en consola, parce qu'elle fut assez bien avisée pour n'en vouloir pas abandonner sa part. Il est inutile d'observer que les convives de cet excellent déjeûner eurent tous un merveilleux appétit, assaisonné par le plaisir de se régaler aux dépens d'autrui. Le lendemain, le maître, à qui l'exercice de la campagne avait fait grand bien, dîna chez lui, et vers la fin du repas, demanda le pâté d'Amiens, comme un entremets sur lequel il avait compté. On juge bien que le pâté ne se trouva point. Michelle fut mandée, et arriva, fort surprise qu'on pût perdre la mémoire d'un jour à l'autre. Enfin, de question en question, le mystère se découvrit. Les domestiques eurent bien de la peine à s'empêcher d'éclater de rire, sur-tout quand leur maître, qui avait un caractère extrêmement bon, parut s'amuser singulièrement du tour qu'on lui avait joué.

Un valet gourmand et ivrogne eut la confusion de voir son vice découvert au moment qu'il s'y attendait le moins. Il apperçut, sur la cheminée de la chambre de son maître, une petite bouteille pleine d'une liqueur; il crut que c'était de l'eau-de-vie, en but avidement environ le quart, et se hâta de la remplir d'eau de fontaine. Mais, ô revers inattendu! le mélange devint aussitôt fort blanc, parce que la bouteille contenait de l'eau de la reine de Hongrie.

Le domestique d'une maison où allait quelquefois le fameux Préville, le priait, depuis long-temps, de lui procurer un billet de comédie. Préville, enfin, lui en donna un. Quelques jours après, cet acteur revint dans la même maison, et demanda au domestique s'il avait été content. Celui-ci répondit qu'il avait trouvé la salle et les décorations fort belles. « Mais, ajouta Préville, n'a-

» vez-vous pas entendu ce que disaient
» les acteurs ? — Ma foi non; ils par-
» laient de leurs affaires, et cela ne
» me regardait point. »

Un particulier envoya son domestique, tout frais débarqué de Picardie, lire sur l'affiche, au coin de la rue, le spectacle du jour. C'était le *Siége de Calais*. Au-dessous de cette affiche en était une autre, qui annonçait les bandages élastiques du sieur ****. Le domestique confond les deux annonces ; lit *Calaïs*, au-lieu de *Calais* ; retient *fauteuil*, au lieu de *siége* ; et, arrivé à l'appartement de son maître : « Monsieur, lui
» dit-il, on donne le *Fauteuil de Calaïs*
» et les *Bandages élastiques*. »

Un autre laquais, aussi peu spirituel, étant à la campagne, reçut ordre de son maître d'aller voir l'heure à un cadran solaire, posé sur une pierre dans le jardin. Après avoir tourné vingt fois autour, le domestique, fort embarrassé, apporta officieusement le cadran solaire à son maître, en disant : « Tenez, Mon- » sieur, cherchez l'heure vous-même, » car je ne m'y connais pas. »

Un jeune paysan, fort naïf, ayant été reçu laquais dans une bonne maison de Paris, sa maîtresse crut devoir lui dire, vu le peu d'usage qu'il avait, qu'un domestique ne paraissait jamais le chapeau sur la tête. Il retint si bien cette leçon, qu'un jour que son maître l'appelait pour une commission pressée, il jeta son chapeau sur une chaise, et monta vîte dans sa chambre pour prendre son bonnet de nuit. Monsieur de****, très-étonné de le voir de la sorte, lui demanda s'il était malade. « Non, Mon- » sieur, répondit-il ; madame dit qu'on » ne portait point, chez vous, de cha- » peau ; c'est pourquoi j'ai mis mon bon- » net de nuit. »

Un domestique ne concevait pas comment il restait toujours pauvre, quand la plupart de ses pareils s'enrichissaient en peu de temps. Il faut, lui dit quelqu'un, doubler tes mémoires. L'avis lui parut bon à suivre, et après avoir doublé l'article du café, il ajouta : plus, un petit pain d'un sou.... deux sous.

Un petit-maître, amaigri par ses débauches, portait jusqu'à quatre paires de bas l'une sur l'autre, afin d'avoir la jambe plus grosse et mieux faite. Il chassa son ancien laquais, et en prit un encore très-novice et nullement dégourdi. La première fois que ce garçon si naïf déchaussa son maître, il tira, avec la plus grande surprise, la seconde et la troisième paire de bas, et s'écria tout effrayé : « Miséricorde ! il n'y a point de jambes là-dedans. » Et il s'enfuit, saisi d'effroi.

Une cuisinière très-bête, c'est-à-dire,

qui ne s'était point encore dégourdie dans Paris, servait chez un vieil avare. L'harpagon fut forcé de donner à dîner, pour la première fois de sa vie; il remit à sa domestique idiote du café en grain, en lui disant de le servir à la fin du repas : elle qui n'avait jamais vu de pareilles fêves, les fit cuire et les accommoda comme des haricots, et les servit pour entremets.

On demandait à un Suisse, portier d'un hôtel, si son maître y était. — Il n'y est pas — Quand reviendra-t-il? — Oh! répondit le Suisse, lorsque Monsieur a donné ordre de dire qu'il n'y est point, on ne sait pas quand il reviendra.

Le récit des diverses situations où s'est trouvé mons Labrie, grand garçon bien fait, bien découplé, qui servit différens maîtres dans Paris, peut être d'autant plus intéressant, que ces situations offrent une peinture fidèle des mœurs d'une partie de la brillante société d'autrefois, qu'on était convenu d'appeler le grand monde, et qu'elles ont beaucoup de rapport avec celles de nos jours.

Son premier maître l'enleva de la charrue, et lui fit déserter la campagne, ainsi que cela se pratiquait jadis. La plus grande fatigue qu'éprouvait Labrie, auprès du comte de Bornans, consistait dans le soin extrême qu'il lui fallait prendre de sa propre personne. M. de Bornans voulait que ses laquais fussent de la dernière élégance, qu'ils portassent des habits richement galonnés, chapeau à plumet sur l'oreille : il ne leur manquait qu'une épée pour avoir l'air de gens d'importance. Le comte de Bornans était d'un orgueil insupportable ; bas et rampant avec ses égaux, il affectait une hauteur insolente pour ses inférieurs, les faisait se morfondre des heures entières dans son antichambre, et les congédiait brusquement, sans presque les écouter. A peine daignait-il jeter les yeux sur le simple bourgeois, et descendre jusqu'à lui dire quelques mots. Se douterait-on qu'un homme si fier, si vain, traitât presque ses domestiques comme ses égaux ? Dès les premiers jours que Labrie fut entré au service de M. le comte, il eut lieu de connaître la manière hautaine et impérieuse avec laquelle il recevait les gens d'une naissance ordinaire, et ne fut jamais plus surpris que de le voir dépouiller sa fierté, pour l'entretenir avec une extrême complaisance. Tout ce que ses gens lui demandaient, était accordé sur-le-champ. Aussi la meilleure protection qu'on pût avoir auprès de lui, était celle d'un de ses valets-de-chambre, ou même d'un de ses laquais. Un jour qu'il venait de congédier brusquement un honnête homme qui lui demandait une chose très juste, il dit à Labrie, en souriant : « Dites-moi sincèrement, monsieur le maraud, a-t-il imploré votre appui, ou celui d'un de mes gens? — Je vous jure qu'il n'a pas seulement eu l'air d'y penser. — Il n'obtiendra donc pas ce qu'il desire de ma bienfaisance. J'ai des bontés pour vous autres, parce que vous avez journellement l'honneur de m'approcher. La noblesse et la fortune sont les plus grandes faveurs qu'on puisse recevoir du ciel : ceux qui sont doués de ces précieux avantages, sont non-seulement élevés au-dessus du peuple, mais d'une nature particulière, et les enfans chéris de la nature. S'ils n'étaient pas des hommes d'une autre espèce, pourquoi jouiraient-ils de tant de richesses et de tant d'honneurs, tandis que tout semble être refusé à la foule des humains qui végète dans la poussière et dans l'indigence? Les mets les plus délicats satisfont leur appétit; des vins exquis viennent éteindre leur soif et leur sensualité; des palais s'élèvent pour les loger;

les forêts croissent pour eux seuls, et c'est pour leur procurer le plaisir de la chasse qu'elles se peuplent d'une infinité d'animaux. Des machines mollement suspendues, traînées par de puissans chevaux, leur évitent la peine de marcher; les jeux, les bals, les spectacles concourent à les amuser; le lin et la soie se filent pour les vêtir. En un mot, l'homme noble et opulent n'a qu'à desirer, ses vœux sont aussitôt comblés; c'est pour lui seul que la nature et les arts travaillent, c'est pour lui seul que les distinctions, les grandeurs, les prérogatives furent inventées. Si je descends parmi le peuple, je vois de vils esclaves des grands, couverts de haillons, éprouver la faim et la soif, le chaud et le froid, ou s'ils jouissent de quelques commodités, ce n'est qu'à la sueur de leur front. Que nous avons sujet de rire des prétendus philosophes, qui soutiennent qu'on ne doit point envier notre sort brillant, attendu que nos chagrins sont plus sensibles que les peines des infortunés! C'est déraisonner pour chercher à s'étourdir sur sa misère. L'ambition qui nous ronge est-elle aussi accablante que l'inquiétude de ne savoir comment dîner ? Nous avons quelquefois, il est vrai, l'esprit moins content; mais rien ne nous manque de tout ce qui est nécessaire aux besoins et aux agrémens de la vie. Les prétendus philosophes disent encore que notre bonheur n'est qu'une vaine apparence de la félicité, parce que nous nous y accoutumons. C'est comme si l'on disait, qu'une longue santé cesse d'être un bien, parce que l'habitude empêche d'en sentir les douceurs....... Et je ne me croirais pas d'une nature plus excellente que celle du roturier et de l'indigent! » En achevant ces paroles, il donna quelques coups de pied dans le derrière à son humble auditeur, et se jetant dans sa voiture anglaise, il ordonna au cocher de brûler le pavé, pour le conduire, dans un clin-d'œil, chez une nymphe de l'Opéra. Il traversa toute la ville comme un éclair, au risque d'estropier et de broyer sous les roues les malheureux piétons. On le vit le même soir à l'Opéra, aux Français, à l'Opéra-Buffa, au Vaudeville. Il ne dédaigna même pas de jeter un coup-d'œil sur LA PETITE VILLE au théâtre de Louvois. Il fut souper avec des *agréables*, s'enivrer de punch, finit par aller perdre mille louis dans une maison de jeu, et en rentrant à son hôtel, à six heures du soir, il crut s'être délicieusement amusé. Mons Labrie n'avait qu'à se louer du comte de Bornans, lorsqu'une faute peu considérable lui fit perdre l'honneur de ses bonnes grâces. On se doute bien qu'un villageois, à peine sorti d'auprès de sa charrue, ne devait pas être initié dans l'art des parures élégantes. Le comte l'avertit plusieurs fois de moins négliger sa toilette. Enfin, un jour qu'il s'apperçut qu'il avait mis à l'envers sa bourse de cheveux, il entra contre lui dans une furieuse colère, et le chassa sur-le-champ.

Labrie se présenta chez certain seigneur, quoiqu'on l'eût averti qu'il était bien difficile de lui convenir. Ce seigneur ne voulait que des domestiques hauts de six pieds; il aurait cru déroger de sa dignité, s'il avait eu des laquais d'une taille ordinaire. Il fut admis devant cet important personnage, qui le considéra de la tête aux pieds, et parut content de l'examen rigoureux qu'il lui fit subir; il ne lui restait plus, pour être admis, qu'à se tirer aussi heureusement de la dernière épreuve. On apporta une toise, monseigneur lui-même daigna le mesurer, et le renvoya parce qu'il avait un pouce de moins.

Un de ses camarades le fit entrer chez un ambassadeur. Dès qu'il fut installé chez cette excellence, on l'arma d'une grosse canne, en lui recommandant bien de ne jamais la quitter : il demanda pourquoi il devait si soigneusement porter un bâton ; l'on s'étonna de son ignorance, et on lui apprit que c'était la marque principale de la dignité de son maître. Labrie manquait souvent de mémoire. Soit que la canne l'embarrassât, soit qu'il ne pût se mettre dans l'idée de quelle importance il était à son maître qu'il la portât toujours, il lui arrivait quelquefois de l'oublier. M. l'ambassadeur s'en apperçut un jour en montant en carrosse, et ordonna qu'il fût à l'instant exclus de son service ; mais avant qu'on le mît à la porte, il obligea les deux autres laquais, qui s'apprêtaient à monter derrière la voiture, d'appliquer plusieurs coups de leurs cannes sur les épaules du délinquant, afin que la douleur lui rappelât l'instrument de son supplice, qu'il aurait dû avoir sans-cesse entre les mains.

Il fut bientôt consolé de cette rude correction, par le bonheur qu'il eut d'être placé chez une aimable veuve, qui ne prenait à son service que des domestiques bien faits et d'une belle figure. Cette dame se piquait pourtant d'une dévotion rigide, qu'annonçait la simplicité de sa parure et la décence de son maintien; mais sous une grande coîffe son joli minois n'en paraissait que plus piquant, et sa fraîcheur et ses charmes naturels n'avaient nul besoin de l'art de la toilette; ses yeux modestement baissés, ne vous fixant qu'à la dérobée, avaient un éclat plus vif, et portaient bien davantage le trouble au fond des cœurs. Madame de Francourt, (c'est le nom de cette intéressante dévote) n'avait guères plus de 36 ans, et n'en paraissait pas 25; elle assurait qu'elle avait renoncé au monde, entraînée par l'horreur du vice, et l'âme remplie de l'amour de la sagesse. Mais des gens malins ou trop éclairés prétendaient que le dépit d'avoir été trompée par quelques amans infidèles, l'avait jetée dans la réforme. On ne va pas tarder à savoir quel était le vrai motif de sa conduite. Mons Labrie s'apperçut bientôt que madame de Francourt le distinguait du reste de ses gens; elle avait pour lui des attentions si marquées, que ses camarades en devinrent jaloux. Elle ne lui parlait, en effet, qu'avec une extrême douceur, ses services seuls pouvaient lui être agréables, rien n'était bien fait que par l'heureux Labrie; lui seul eut le privilège de lui présenter le bras, lorsqu'elle descendait de carrosse. Elle s'avisa tout-à-coup d'aller souvent à pied; il avait alors le bonheur de lui donner le bras; et il était visible qu'elle s'appuyait sur lui avec plaisir.

Labrie ne se doutait nullement de la tendre impression qu'il avait faite sur sa belle maîtresse; il en aurait peut-être soupçonné quelque chose, s'il n'avait entendu dire qu'il était beaucoup de grandes dames très-prodigues d'attentions envers leurs domestiques : le moyen de se glorifier de faveurs qui étaient si communes !

Madame de Francourt en mit en usage d'un peu plus particuliéres; elle ne donnait aucun ordre à Labrie sans l'accompagner d'un doux sourire, et à chaque service qu'elle recevait de lui, on voyait une vive satisfaction éclater dans ses yeux. Sous différens prétextes, elle lui fit un grand nombre de présens, tantôt des bas de soie, des boucles d'argent, une autre fois elle lui fit présent d'une montre d'or. Mais il recevait tous ces dons comme autant de preuves de la bienfaisance de madame de Francourt. La haute opinion qu'il avait de la sagesse de cette dame, l'empêchait de se douter du motif qui la faisait agir; vainement elle feignit souvent d'avoir besoin de lui, pour qu'il restât tête-à-tête avec elle pendant des heures entières; il lui semblait bien quelquefois qu'il lui causait une extrême impatience, mais il était loin de l'attribuer à son air de réserve et à sa timidité. Désespérée d'une telle simplicité villageoise, madame de Francourt comprit qu'elle

ne

ne réussirait jamais dans ses desseins, si elle ne s'expliquait d'une manière plus intelligible. Elle l'appela un jour dans son oratoire, où elle passait chaque matin plusieurs heures sans qu'il fût permis à qui que ce soit d'y entrer. Il la trouva couchée négligemment sur une chaise longue, où sans doute elle faisait ordinairement ses méditations. Etonné qu'on lui permît de pénétrer dans un asyle interdit aux regards des profanes, il se hâta de le parcourir des yeux. Rien n'était plus galant que cet oratoire; des tableaux pieusement indécens portaient tout-à-la-fois dans l'âme des idées de volupté et de dévotion : ici on voyait la chaste Suzanne toute nue entre deux vieillards libertins ; là on admirait les charmes d'une Magdeleine qui semblait bien plutôt inviter au plaisir des sens qu'aux rigueurs de la pénitence ; plus loin Robert d'Arbrissel surmontait les tentations de la chair, en couchant avec deux religieuses ; dans un autre endroit, François d'Assise se roulait tout nu sur une femme de neige. Dans un enfoncement, ménagé avec art, on découvrait un lit de repos, dont les rideaux galamment retroussés en festons, étaient soutenus par plusieurs petits anges. « Asseyez-vous auprès de moi, dit à l'heureux Labrie madame de Francourt, je veux méditer avec vous ; le temps s'écoule si rapidement qu'on doit savoir le mettre à profit. » Il se plaça humblement à côté d'elle, croyant qu'il allait entendre un pieux sermon. « Il faut avouer, continua la fraîche dévote, en le regardant fixement, qu'on a bien de la peine à marcher dans le chemin du salut. Les tentations sont fréquentes, et il est difficile de remporter la victoire. Il paraît quelquefois si doux de succomber ! » A ces mots, la voix de madame de Francourt s'éteignit, ses yeux devinrent plus brillans, son teint s'anima, des soupirs s'échappèrent comme malgré elle. Le laquais novice resta immobile, les yeux baissés, attendant en silence la suite de ce discours. Madame de Francourt impatientée s'écrie : « Ah ! mon dieu, je me trouve mal ; j'étouffe. » Il allait se lever pour appeler du secours : « Non, non, reprit-elle, en le retenant par le bras, restez ; je n'ai besoin de personne, c'est une surabondance de grâces qui me suffoque. » Alors elle ôta son triple mouchoir de cou, découvrit une gorge d'une forme et d'une blancheur admirables, et feignit de s'évanouir. La vue de tant de charmes répandit le trouble dans les sens de Labrie, et il porta l'audace jusqu'au comble. A peine venait-il de se rendre coupable, qu'il se disposait à prendre la fuite, lorsqu'il s'apperçut que l'évanouisment de sa maîtresse commençait à se dissiper : les forces lui manquèrent, et il s'attendit à être jeté par la fenêtre ; mais, au-lieu de lui montrer un visage irrité, elle le regarda d'un œil rempli de douceur : « Tu as succombé, mon enfant, lui dit-elle, sous les ruses du malin ;

il s'est servi de moi pour te faire pécher. Le mal est fait, il n'est plus en notre pouvoir que d'en dérober la connaissance à tout le monde ; il est si affreux de scandaliser son prochain ! Continuons donc de nous voir en secret dans cet oratoire. L'amour n'est point un crime ; c'est la passion qu'inspire la nature à tous les êtres ; sois seulement discret et honnête ; évitons la médisance du vulgaire. » Le bonheur du fortuné Labrie ne dura que quelques mois, et ce fut lui-même qui le détruisit pour jamais. Il s'avisa de faire attention aux fréquens tête-à-tête qu'avait le directeur de madame de Francourt avec sa belle pénitente. Soit curiosité, soit jalousie, il entra tout-à-coup un jour dans cet oratoire, en criant à la fausse dévote qu'on la demandait pour une affaire importante ; il les surprit dans un désordre qui lui laissa facilement deviner ce qui venait de se passer. « Vous voyez un grand mystère, dit madame de Francourt, je m'acquitte d'une pénitence que ce saint homme m'a infligée pour l'expiation de mes péchés. Je voulais cacher à tout le monde les pratiques de ma vie intérieure : ainsi, pour avoir fait violence à mon humilité, il est juste que vous sortiez à l'heure même de ma maison. » Labrie tâcha inutilement de s'excuser ; il parut d'autant plus coupable, qu'il ne se trouva personne dans l'antichambre, et qu'il eut beau dire qu'on s'était sans doute impatienté d'attendre : d'ailleurs les hypocrites pardonnent-ils à ceux qui les démasquent? Il fut donc contraint de faire son paquet, et d'aller chercher une nouvelle condition.

Comme si le ciel eût eu dessein de le punir de l'indiscrétion qu'il venait de commettre, il resta long-temps sur le pavé. Impatienté de voir fuir, pour ainsi dire, les places devant lui, il résolut de retourner dans son village, avec quelque argent qu'il avait gagné, et de s'y marier avec une jeune paysanne dont il avait été toujours fort amoureux, malgré ses brillantes conquêtes à la ville. Ses projets d'établissement réussirent au gré de ses vœux ; il prit tout à-la-fois une ferme et une femme, et les cultivant l'une et l'autre avec soin, il eut lieu d'être fort content de son sort.

Dans le nombre des beautés les plus à la mode, on distinguait la charmante Victorine ; c'était une blonde faite à peindre, dont la physionomie tendre et mutine faisait la plus vive impression. Les amans d'un rang illustre, qui semblaient s'être disputé la gloire de l'enrichir, la rendaient encore plus fameuse que les charmes dont la nature l'avait douée. Le duc de***, jouissant d'une fortune peu considérable, ne pouvait s'empêcher de soupirer pour Victorine, et desirait vivement obtenir la faveur d'un tête-à-tête ; mais comme elle était entretenue avec le plus grand faste, il n'avait pu trouver l'instant de lui faire ses propositions. Enfin, un soir qu'il l'apperçut seule à la Comédie Italienne, il vint se placer dans sa loge, et ayant lié conversation, il apprit avec joie que le *bailleur de fonds* était absent pour quelques jours. Sans perdre un instant en de vains soupirs, il présenta son offrande, et la divinité y fut sensible ; elle consentit, moyennant cent louis, à lui permettre de la reconduire, et de lui tenir compagnie jusqu'au lendemain: Le duc n'avait point cette somme dans sa bourse; ce ne fut qu'au moment de se séparer de la beauté complaisante qu'il avoua qu'il lui fallait demander crédit pour quelques heures, et il promit de revenir dans la journée acquitter sa dette *d'honneur*. A peine rentré dans son hôtel, il s'empresse en effet de dégager sa parole, et remet les cent louis à l'un de ses valets-de-chambre, avec ordre de les porter à mademoiselle Victorine. Il faut savoir que le confident du duc avait depuis long-temps jeté des yeux de convoitise sur cette nymphe célèbre; mais n'étant point assez riche pour acheter des audiences qui se vendaient trop cher, il étouffait ses tendres sentimens. L'occasion d'approcher la séduisante nymphe, réveilla dans son cœur un feu mal éteint; il résolut de mettre à profit l'heureux hasard qui se présentait. Il choisit dans la garderobe de son maître un habit magnifique, se pare avec le plus grand soin, sort de l'hôtel par une porte de derrière, se jette dans le premier fiacre qu'il rencontre, et se fait conduire devant la maison de Victorine. Arrivé dans son antichambre, il affecte les airs d'un homme d'importance, et se fait annoncer comme un seigneur étranger. On se hâte de l'introduire, et il déclare sans façon le motif de sa visite: comme il la voit hésiter, il étale ses pièces d'or sur une table. A cet aspect, les scrupules de la belle se dissipèrent entièrement. Le duc ne retourna qu'au bout de quelques jours chez cette dangereuse syrène, et fut bien surpris des reproches qu'elle lui fit. Comme elle lui avoua qu'au-lieu du valet-de-chambre, elle avait reçu la visite d'un seigneur étranger, qui lui avait fait présent de cent louis, il ne douta pas que son émissaire n'eût cherché à se payer de la peine qu'il avait prise. Il le manda chez Victorine, et sur les menaces qu'il lui fit de le chasser, s'il n'avouait la vérité, le galant domestique lui confessa tout ce qui s'était passé. Le duc n'en fit que rire, trouvant surtout très-plaisante l'erreur de la belle intéressée, que le rusé valet-de-chambre avait su prendre pour dupe.

Nous allons maintenant faire mention de domestiques beaucoup plus coupables. Un abbé pourvu de riches abbayes, loin de dépenser follement ses revenus, épargnait le plus qu'il lui était possible, sans néanmoins s'abstenir de vivre d'une manière convenable à sa fortune, et il serrait avec soin les sommes qu'il avait de reste à la fin de l'année. Il économisa tant, qu'il parvint, au bout de plusieurs années, à avoir 400,000 francs en or dans une cassette qu'il tenait toujours auprès de son lit. Mais à quoi lui servit une aussi grosse somme! Un beau jour, tandis qu'il dînait en ville, son valet-de-chambre lui emporta son cher trésor, et disparut. Le soir, en rentrant chez lui, M. l'abbé n'eut rien de plus pressé que de visiter, selon sa coutume, sa chère cassette. Quelle fut sa douleur en voyant qu'elle venait de lui être ravie, et d'apprendre, par la fuite du valet-de-chambre, que l'auteur du vol était l'homme qu'il croyait digne d'une entière confiance! Tout en se désespérant, il fit une réflexion qui le consola sur-le-champ, sentiment que n'éprouva jamais un avare en pareille situation. Comme ses domestiques, attirés par les premiers cris qu'il jeta, lui disaient de porter promptement plainte contre le valet-de-chambre absent, il leur ordonna de se taire, et leur défendit, sous peine d'être chassés, de jamais parler du vol qu'on venait de lui faire.

Mais les indiscrets ne purent garder le silence, et dès le lendemain l'abbé vit accourir toute sa famille, qui le sollicita, le pressa de remettre sa vengeance et ses intérêts entre les mains de la justice. « Je suis décidé, leur répondit-il, à ne » pas faire une seule démarche, et si, à » mon exemple, vous ne gardez le plus » profond silence, je vous déclare que » vous n'aurez jamais un sou de ma suc- » cession. C'est le ciel qui me punit d'a- » voir fait un dieu d'un métal méprisable, » et que je rendais inutile en le renfer- » mant sous la clé. J'aime beaucoup mieux » qu'un homme en profite : il bénira ma » mémoire, s'il vient à savoir que je n'ai » point cherché à le faire punir. » Il fallut que les parens de M. l'abbé se rendissent à ces singulières raisons, et se réjouissent de ne pas tout perdre. Le trop heureux valet-de-chambre eut le bonheur de se rendre en poste en Hollande; et comme il avait beaucoup d'argent, il ne tarda pas à s'y faire considérer et à s'acquérir des amis. Résolu d'augmenter sa fortune par les ressources du commerce, il s'associa avec une des meilleures maisons d'Amsterdam. Toutes ses entreprises ayant réussi, il se trouva, au bout de dix ans, possesseur d'une somme de plus de quinze cents mille livres. Mais le remords qui le tourmentait, l'empêchait de sentir tout le prix de son opulence. Afin de parvenir à vivre en paix avec lui-même, il sentit qu'il ne lui restait qu'à restituer le vol considérable qui l'avait si prodigieusement enrichi. Aussitôt il repassa en France, se rendit à Paris, et s'étant informé si son ancien maître, l'abbé de ****, vivait encore, il apprit avec la plus grande joie qu'il jouissait d'une parfaite santé. Il se munit de lettres-de-change pour 400,000 francs, et des intérêts de cette somme pendant dix années, et alla en carrosse chez l'abbé de ****. Il se fit annoncer sous le nouveau nom qu'il avait adopté, et n'eut pas plutôt été introduit, qu'il se jeta aux pieds de son ancien maître, en le suppliant de lui pardonner, en faveur de la restitution qu'il venait lui faire. M. l'abbé, enchanté d'un procédé qui annonçait une âme qui n'avait jamais été tout-à-fait corrompue, n'eut pas de peine à accorder une grâce sollicitée par le repentir et par le retour à la vertu; il reçut la somme qui lui avait été volée, mais refusa généreusement les intérêts.

Un domestique, après avoir servi fidèlement son maître pendant un grand nombre d'années, résolut tout-à-coup de le voler, et exécuta son dessein d'une manière sans exemple jusqu'alors. Pendant que M. de **** dormait, il lui prit adroitement la clé de son secrétaire, duquel il détourna 12,000 liv.; et il laissa dans un des tiroirs six billets à ordre de pareille somme, écrits de sa main, chacun de 2,000 liv., payables d'année en année; le dernier était de 3,500 liv., à cause des intérêts, y était-il dit. Non content de cette singulière précaution, le rusé fourbe s'avisa encore d'écrire dans le livre de dépense de son maître, qu'il reconnaissait lui devoir telle somme avec les intérêts, dont il s'était déclaré débiteur par six billets à ordre. Cela fait, il referma le secrétaire, et remit doucement la clé où il l'avait prise. Le lendemain il décampa sans prendre congé; mais il n'alla pas loin; il loua une boutique dans un quartier très-peuplé, la garnit de marchandises, et s'y tint fort tranquille, comme s'il avait fait la meilleure action. Cependant M. de **** fut bien surpris de l'absence de son laquais, et ne s'apperçut qu'au bout de quelques jours du vol qu'il avait commis. Ses plaintes ayant éclaté, la justice mit en campagne des espions dont elle est quelquefois obligée de se servir : ils ne tardèrent pas à découvrir le coupable. De quoi m'accuse-t-on ? s'écria-t-il avec audace. Eh bien, que l'on me confronte à celui que j'ai servi sans reproches pendant quinze années, et l'on verra mon innocence. On ne manqua pas de le satisfaire à cet égard, et il lui dit d'un grand sang-froid : « Est-il possible que vous m'accusiez de vous avoir volé douze mille fr. ? Ne vous souvient-il plus que vous m'avez prêté cette somme pour m'établir, afin de me récompenser de mes longs services, et que je vous en ai fait mes billets, ainsi que ma déclaration sur votre livre de dépense ? J'exige qu'on aille faire une exacte perquisition dans votre secrétaire, on y trouvera la preuve de ce que je dis, et combien je suis honnête homme. » Le maître frémissait de voir son ancien domestique sur le point d'être confondu, et près de subir le supplice des voleurs ; mais qu'il fut étonné lorsque l'étrange déclaration du laquais se trouva véritable ! L'œil perçant de la justice découvrit le mystère ; mais, comme le crime était enveloppé de nuages, elle se contenta de faire restituer ce qu'on put rassembler des douze mille francs, et d'envoyer le rusé coquin à Bicêtre.

Un riche banquier avait la plus grande confiance en un domestique qui le servait depuis dix ans, avec une extrême fidélité. Mais les sentimens de ce domestique vinrent à changer; il devint amoureux, et desirant enrichir sa maîtresse en l'épousant, il ne vit rien de mieux que de voler l'homme riche et spéculatif qui avait toute confiance en lui ; il résolut aussi d'exécuter son crime de manière qu'il fût impossible de le soupçonner ; et voici l'horrible complot qu'il forma : il acheta douze livres de poudre à canon, dont il plaça la plus grande partie sous le bureau de son maître, dans lequel il prit environ vingt mille francs; ensuite il fit aboutir à la poudre une mèche faite avec de l'amadou, et assez longue pour que l'explosion n'arrivât qu'au bout d'une demi-heure ; après y avoir mis le feu, il se retira tranquillement, alla déposer son trésor dans une petite chambre qu'il avait louée en secret, et courut sur le boulevard dont il était voisin, afin de voir sauter la maison, se flattant qu'alors il jouirait de son vol impunément. Mais, par bonheur, le banquier, qui n'avait coutume de rentrer qu'à dix heures du soir, vint chez lui sur les huit heures, et frappé de l'odeur d'amadou brûlé, il examina d'où elle pouvait provenir, et vit avec autant de surprise que d'effroi, la poudre qui allait prendre feu ; il éteignit au plus vîte la fatale mêche, et s'appercevant qu'il était volé, il fit venir un commissaire. L'officier de police déclara qu'il était à propos d'arrêter le domestique ; et l'honnête banquier dit qu'il en répondait comme de lui-même. Le criminel osa rentrer dans la maison, sur ces entrefaites, dans le dessein de s'éclaircir des causes qui faisaient manquer son abominable projet. Il ne se vit pas plutôt interrogé au nom de la justice, que, perdant la tête, il avoua tout ce qu'il avait machiné, déclara le nom du marchand qui lui avait vendu la poudre, la somme qu'il avait prise, l'endroit où elle était déposée. Il est inutile de dire qu'il fut jeté dans un cachot, et condamné à être brûlé vif, comme incendiaire; arrêt qui reçut son exécution au milieu de la place de Grêve.

Ce malheureux était fils d'un père et d'une mère fort honnêtes gens, portiers depuis vingt-quatre ans dans la même maison, et auxquels un prélat respectable daigna faire une pension viagère, en leur disant que les fautes étaient personnelles. On prétendit qu'une des sœurs du criminel, ne pouvant soutenir l'idée que son frère pérît dans un supplice horrible et infâme, trouva le moyen de pénétrer jusqu'à lui, deux jours avant le terme fatal, et lui présenta une petite fiole, remplie d'eau forte, en lui proposant de partager son sort, et d'en prendre la moitié. Le misérable eut la lâcheté de refuser cette offre généreuse. La sœur attendit le jour du supplice d'un coupable qui lui était trop cher, et avala courageusement le funeste breuvage.

Devenu fou à la vue des premiers troubles de la Révolution, en 1789, un domestique, âgé de 26 ans, se tua chez les personnes où il servait, rue Saint-Méri, seulement par dégoût de la vie. Il était de la plus exacte probité, appliqué à tous ses devoirs, et avait amassé un pécule assez considérable. Il passait à lire de bons livres et à écrire tout le temps dont il pouvait disposer. Dans un dialogue de son âme avec Dieu, il faisait ses adieux *au magnanime tiers-état; à la noblesse, qui doit se féliciter de la clémence de ses vainqueurs; au clergé, qu'il exhorte à quitter son costume et ses superstitions.* Le jour de sa mort on ne remarqua aucun changement dans son service, ni sur son visage. Après que ses maîtres furent couchés, il se retira dans sa chambre. Il rangea toutes ses affaires dans le plus grand ordre, et posa sur une table son testament cacheté. Il prit ensuite une feuille de papier qu'il divisa par cases, et il écrivit, d'une main très-ferme, diverses dispositions qui se trouvaient déjà dans son testament; telles que celle-ci : cent livres pour sa contribution patriotique; quarante-huit livres pour les pauvres du district; quarante-huit livres pour la Société Maternelle; quarante-huit livres pour les pauvres détenus pour mois de nourrice; douze livres pour boire à ceux qui le porteront en terre. Il plaça chaque somme en argent sur les différentes cases. Au bas de la feuille il écrivit, d'une main un peu tremblante : *Allons vite, il faut partir.* Après quoi il se brûla la cervelle d'un coup de pistolet. Il s'était enfermé dans sa chambre; mais auparavant il avait collé sur la porte, en dehors, une feuille de papier, avec ce mot, en gros caractères, *Suicide.*

CHAPITRE X.

Chiens, Chats, Perroquets, etc.

C'est avec raison qu'on a prétendu qu'il y a dans Paris au moins cinq cent mille chiens. L'homme le plus pauvre ne saurait se passer d'en avoir un, et presque toutes les femmes ont leur barbet, leur caniche, leur carlin. Quelqu'un, dans un placard affiché au coin de toutes les rues priait de rendre un chien perdu, au nom de l'*humanité*. L'attachement du beau sexe pour ces animaux est si vif, qu'une marquise voulait à toute force faire inoculer une charmante épagneule ; le médecin ne parvint à la faire changer d'avis qu'en lui rappelant une dame morte à la suite de cette opération. Maintenant que l'inoculation est passée de mode, elle la ferait vacciner.

C'est sur le Pont-Neuf, près de la Samaritaine, et dans les galeries du Palais-Royal, que se tiennent ordinairement les marchands de chiens, qui vous vendent pour une bête de six mois un chien qui n'a tout au plus que trois semaines. Ces sortes de marchands ont toujours soin de peigner, de tondre, même de peindre un chien volé, avant que de l'exposer en vente.

La mode des petits chiens nous est venue d'Italie. Autrefois nos dames portaient des éperviers ou petits oiseaux sur le poing. A Barcelone il y eut un temps qu'elles avaient sous le bras un cochon de lait enjolivé de rubans.

Une veuve jeune et fort aimable, se livrait à la douleur la plus vive, et ce n'était pas sans sujet : la mort impitoyable venait de lui ravir dans un même jour le meilleur des époux et la plus jolie petite chienne de Paris. Est-il nécessaire de dire quelle perte lui était la plus sensible ?

Qui n'a pas entendu parler de la prodigieuse fortune qu'a faite le nommé Lyonnais, en se donnant pour médecin des chiens ? Son heureux successeur n'a pas moins la vogue, et pourra aussi quelque jour acquérir un riche et superbe domaine. Il arriva au premier une petite aventure qui amusa quelques instans la bonne compagnie de Paris. La femme d'un fameux médecin avait son joli chien très-malade; impatientée de la lenteur que le mari mettait à guérir l'objet qu'elle chérissait si vivement, elle fit venir Lyonnais, qui réussit en peu de temps à rendre la santé au charmant animal. « Combien vous faut-il pour votre salaire, dit le grave docteur de la faculté à l'esculape de l'espèce canine ? — Oh! Monsieur, reprit Lyonnais, entre confrères, il ne faut rien. »

Une femme de qualité manda un de ces hommes qui prennent chez eux des chiens en pension pour leur apprendre des gentillesses, à rapporter, à marcher sur leurs pattes de derrière, à faire sentinelle, à faire le mort, etc. Elle voulut savoir combien cet instituteur exigeait de temps et d'argent pour endoctriner sa *Silvie*. Il répondit qu'il ne lui fallait que trois mois pour la rendre très-habile, et qu'il se contenterait de trois louis par mois. — J'ai cru qu'il ne m'en coûterait que le tiers de cette somme. — Songez donc, Madame, que nous sommes maîtres de danse, et non pas des répétiteurs de grammaire ou de philosophie.

Il est des *Filoux de chiens*, qui vous escamotent fort adroitement la jolie bête dont vous êtes charmés de vous faire suivre, tournant souvent la tête, crainte de la perdre. Un de ces filoux voyant, sur le boulevard du Temple, un jeune homme se faire suivre d'un superbe chien caniche, auquel il avait attaché au cou, par précaution, un gros grelot, fit saisir l'animal par un de ses associés, tandis qu'il marchait derrière le le maître en agitant un grelot. Le complice s'étant évadé, l'homme au grelot se retira à son tour, laissant le maître du chien dans la dernière surprise de l'avoir vu disparaître comme par enchantement.

Les carlins sont redevenus à la mode; leur beauté consiste en un poil ras et uni, en des oreilles fort écoutées, et en un museau noir et large extrêmement écrasé. Autrefois, pour qu'un chien fût parfaitement beau, il fallait qu'il eût les oreilles d'une longueur démesurée, et que son poil traînât jusqu'à terre. Aussi les marchands de ces sortes d'animaux avaient-ils grand soin de se conformer au goût dominant, et de les fabriquer, pour ainsi dire, tels qu'on les leur demandait. Un de ces fourbes adroits se promenait un soir d'été sur le boulevard du Temple, tenant un petit chien sous le bras, gros comme le poing, dont les oreilles avaient plus d'un demi-pied de long : il offrait aux amateurs cet animal merveilleux.

Une jeune dame appelle le marchand. « Mon dieu, s'écrie-t-elle, la jolie bête ! ses oreilles sont *divines*. — Oh ! Madame, je suis certain qu'on ne trouverait pas son pareil à dix lieues à la ronde. » Après bien des contestations, l'on convient enfin de prix; la jeune femme donne deux louis de cette précieuse bête, et le marchand se retire en protestant qu'elle n'en paie pas seulement les oreilles. La dame, au comble de la joie, voit passer deux de ses amies, et leur montre avec transport l'acquisition qu'elle vient de faire. On fête le charmant petit animal, c'est à qui lui fera le plus de caresses..... Mais, ô surprise ! dans l'instant qu'on admire davantage la beauté de sa coiffure, une de ses oreilles reste dans la main de sa maîtresse. On se regarde, on ne sait que penser de l'aventure ; on visite sur-le-champ l'autre oreille, et l'on s'apperçoit, avec le dernier étonnement, qu'elle ne tient qu'à un fil très-délicatement passé dans un petit crochet. On veut courir après le *fabricant de chien*, mais il avait disparu. La dame, toute honteuse, abandonne la promenade, et laisse le petit chien courir sur le boulevard avec sa seconde oreille postiche.

Une femme de qualité fit un testament fort singulier. Voici ce qu'elle dicta aux notaires qui reçurent ses dernières volontés : « Attendu que mon chien fut tou-
» jours le meilleur de mes amis, je le
» déclare mon exécuteur testamentaire,
» et lui confie la disposition de toute ma
» fortune, sous la surveillance et l'auto-
» rité du marquis de Villemur. J'ai
» beaucoup à me plaindre des hommes ;
» ils ne valent rien, ni au physique, ni
» au moral ; mes amans étaient faibles et
» trompeurs ; mes amis faux et perfides.
» De toutes les créatures qui m'entou-
» raient, il n'y a que mon chien auquel
» j'ai reconnu de bonnes qualités. J'ai donc
» raison de disposer de mon bien en sa
» faveur, et j'ordonne qu'on distribue

» des legs à ceux qui recevront ses ca-
» resses. »

Une autre dame laissa, en mourant, une forte pension viagère à son chat.

Un homme respectable, après avoir joué un certain rôle dans Paris, éprouva des malheurs, et tomba dans la dernière infortune. Il fut réduit à vivre dans une retraite obscure, si pauvre, qu'il ne subsistait que des aumônes de sa paroisse ; on lui remettait chaque semaine la quantité suffisante de pain pour sa nourriture. Au bout de quelque temps il en fit demander davantage ; surpris de voir augmenter ses besoins, le curé lui écrivit pour l'engager à passer chez lui. Il y vint aussitôt, et le pasteur s'informa s'il vivait seul. « Eh! avec qui, Monsieur, répondit-il, voudriez-vous que je vécusse ? je suis malheureux, vous le savez, puisque j'ai recours à la charité publique.—Si vous êtes seul, pourquoi demandez-vous plus de pain qu'il ne vous en faut ? » A cette question, l'indigent parut déconcerté ; il avoua avec peine qu'il avait un chien : le curé lui fit observer alors qu'il n'était que le distributeur du pain des pauvres, et que, comme tel, il devait le presser de se défaire de son chien. « Eh ! Monsieur, (s'écria en pleurant l'infortuné) si je m'en défais, qui est-ce qui m'aimera ? »

Loin de songer que le chien est ami de l'homme, et qu'il est aussi admirable par son intelligence que par son attachement, on vit un grand seigneur qui avait une antipathie singulière pour les chiens; ils étaient proscrits de son hôtel ; s'il entendait l'aboiement d'un seul de ces animaux, il entrait dans une furieuse colère; et il chassait alors sans miséricorde la plupart de ses domestiques.

Ne serait-on pas plutôt tenté d'approuver la manie du poëte tragique Crébillon, qui avait sans cesse autour de lui, dans son appartement, une douzaine de chiens?

*

Mais continuons de rapporter les exemples les plus extraordinaires de leur fidélité et de leur merveilleux instinct, dont le lieu de la scène fut à Paris.

Un particulier se présenta à la porte du Waux-Hall d'été, boulevard Saint-Martin; mais on lui en refusa l'entrée, parce qu'il était suivi d'un chien qu'il voulait absolument introduire avec lui. L'officier de garde lui dit que tout ce qu'il pouvait faire, était d'ordonner qu'on veillât sur son chien jusqu'à ce qu'il sortît du Waux-Hall; le particulier fut forcé d'y consentir. A peine avait-il fait un tour dans les jardins et dans la rotonde, qu'il s'apperçut qu'un filou avait eu le secret de lui dérober sa montre : il courut aussitôt à la porte, et se plaignit qu'on eût refusé de laisser entrer son chien, qui l'eût empêché d'être volé, et qui reconnaîtrait sûrement le filou, si on laissait son fidèle gardien parcourir le Waux-Hall. On crut devoir lui accorder cette satisfaction, après qu'il eut dépeint la montre qu'il venait de perdre. Au bout de deux ou trois tours dans l'intérieur, l'animal s'attacha aux traces d'un homme très bien costumé, qu'il suivit constamment, et qu'on jugea à propos d'arrêter, quoiqu'il protestât qu'on se méprenait; on le fouilla, sur les vives instances du particulier, qui assura que son chien ne pouvait se méprendre, et on lui trouva sept ou huit montres, qu'on mit toutes ensemble par terre ; le merveilleux chien, doué d'un singulier odorat, prit dans sa gueule la montre dont son maître avait fait la description.

Un enfant d'environ treize ans était à se baigner dans la Seine, lorsqu'il fut entraîné par le courant de l'eau dans un trou extrêmement profond, où il ne pouvait manquer de périr, si un chien qu'il avait ne fût venu à son secours. Cet animal plongea après lui quatorze ou quinze fois de suite, et le ramena quatorze ou quinze fois à la surface, en le prenant tantôt par les cheveux, et tantôt par les bras. Enfin, par son manége on eut le temps d'accourir sauver cet enfant ; mais le malheureux animal, exténué de fatigue et ne pouvant être assez tôt secouru, périt en conservant la vie à son jeune maître.

M. L***, chirurgien, qui jouit d'une réputation distinguée, étant sorti un matin pour aller voir ses malades, apperçut dans le ruisseau un petit chien qui venait d'avoir la cuisse cassée par une voiture, et qui attendait, ne pouvant plus se traîner, qu'une seconde vînt terminer sa vie et ses douleurs. Soit pitié, soit l'envie de faire une épreuve utile, M. L*** enveloppa le plus doucement qu'il lui fut possible l'animal dans un mouchoir, l'emporta chez lui, et lui remit la cuisse. Quand le petit chien fut en état de marcher, il lui rendit la liberté. Celui-ci ne partit qu'après lui avoir témoigné sa reconnaissance par ses jappemens et par toutes sortes de caresses. Au bout d'un an, un chien vient à la porte de M. L*** ; il y grate, il aboie, et fait tant de bruit, que les domestiques arrivent. Ils veulent le chasser. Le chien revient toujours à la charge. On avertit M. L*** de ce vacarme. Il reconnaît l'animal qu'il a guéri. Le petit chien lui renouvelle ses caresses; il descend l'escalier, le remonte et descend de nouveau, comme pour exprimer qu'il faut qu'on le suive. M. L*** se laisse conduire, et est bien surpris de voir dans sa cour un autre chien qui avait la patte cassée, et que le premier lui amenait à guérir.

M. Dumont, négociant, rue Saint-Denis, avait un gros chien barbet, doué d'une intelligence surprenante. Se trouvant en voyage avec un de ses associés, il paria qu'il cacherait au bord du chemin un écu de six francs, facile à reconnaître au moyen d'une marque, et qu'étant rendu à la couchée, à quatre lieues de là, il n'aurait pas plutôt dit à son chien qu'il avait perdu quelque chose, que celui-ci partirait pour l'aller chercher, et rapporterait l'écu. La gageure fut acceptée, et le chien partit en effet. M. Dumont ne prit d'autres précautions, que de recommander à une servante de veiller à ouvrir la porte à son chien. L'animal revint au milieu de la nuit, et, à force de gratter à la porte et d'aboyer d'une voix sourde, parvint à se faire ouvrir. La servante apperçut qu'il portait quelque chose de fort volumineux à la gueule, et courut en avertir le maître, qui était couché dans la même chambre que celui avec lequel il avait fait le pari. Dumont fut bien étonné de voir son chien poser auprès de son lit, une culotte, dans laquelle il trouva une bourse, contenant cinquante louis et son écu de six francs. L'énigme fut expliquée le lendemain matin. On vit arriver un particulier, qui raconta que le hasard lui ayant fait trouver au bord du chemin, à quatre lieues de distance, un écu de six livres, il l'avait serré dans sa bourse; et que s'étant arrêté à coucher dans une auberge voisine, un chien inconnu était venu le caresser et s'était sauvé la nuit avec sa culotte. M. Dumont rendit au voyageur ce qui lui appartenait, et le divertit beaucoup, en lui apprenant qu'il ne devait qu'à l'intelligence de son chien, l'aventure qui lui était arrivée.

Un autre voyageur, marchand boucher à Paris, avait attaché à la selle de son cheval une sacoche, dans laquelle était une somme de douze cents francs. Cette sacoche s'en détacha sans qu'il s'en apperçût et tomba au milieu du grand chemin, à l'entrée de la nuit, et à l'instant qu'il faisait hâter le pas de son cheval, pour arriver plutôt au gîte. Cette perte n'échappa point à un gros chien qui le suivait, et qui, ne sachant comment l'en avertir, se mit à sauter à plusieurs reprises au poitrail du cheval, en grondant, en aboyant. Le maître n'ayant pu le faire cesser, et surpris d'une action que son chien n'avait point coutume de faire, alla s'imaginer que cet animal était enragé, et qu'il voulait mordre sa monture. Frappé de cette idée, il saisit un pistolet, tire sur le pauvre animal, et continue sa route avec une nouvelle célérité. Arrivé bientôt après dans l'auberge où il devait passer la nuit, il vit qu'il n'avait plus la précieuse sacoche, et ne douta pas que les démonstrations de son chien, qui l'avaient tant effrayé, n'eussent eu pour but de l'avertir de sa perte. Il retourna promptement sur ses pas, et trouva son chien qui rendait le dernier soupir au bord du chemin, couché sur la sacoche remplie d'argent.

Dans le rigoureux hiver de l'an 7,

tout Paris vit avec un tendre intérêt, entre le Pont-Neuf et celui des Tuileries, un chien barbet, qui demeura constamment sur un morceau de glace, sans vouloir ni boire ni manger, parce que son maître imprudent, osant traverser la Seine, presque totalement prise en cet endroit, avait eu le malheur d'être englouti entre deux glaçons. Ce pauvre animal persistant à refuser toute espèce de secours, il fallut enfin se décider, au bout de trois jours, à lui tirer un coup de fusil, dans la crainte qu'il ne devint enragé, et ne mordit quelqu'un.

M. S***, aubergiste à la barrière Blanche, près du *Soleil d'Or*, acheta un énorme chien, le prix de six louis. Ce chien était jeune et aussi doux que parfaitement beau ; il caressait tous ceux qui venaient à sa loge, pour admirer sa superbe taille. Le propriétaire voyait avec peine l'humeur pacifique de l'animal, craignant de ne pouvoir en retirer le service qu'il en attendait, celui de garder sa cour remplie de marchandises : il se décida, au bout de quelques mois, à en éprouver la vigilance et le courage. Il se lève pendant la nuit, affublé d'une mauvaise veste et d'un vieux chapeau, qui le rendaient méconnaissable, et se montre, sans faire de bruit, sur un mur au fond de la cour. Le chien, d'un saut, s'élance au haut de la muraille, atteint son maître à la gorge, la lui coupe d'un coup de dent, et le renverse sur le fumier. Le malheureux, en tombant, jette un faible soupir et rend l'âme. Le chien est frappé de la voix de son maître, le traîne quelques pas, comme pour le réveiller, ébranle avec son dos la porte de la maison, exprime enfin sa douleur par des hurlemens si lamentables, qu'il attire tout le monde du voisinage. On reconnaît M. S***. L'intention qu'il avait manifestée, d'éprouver son chien, ne permit point de douter qu'il ne fût victime de son imprudence, et personne n'accusa la férocité de l'animal, qu'on voyait se désoler près du corps de son maître.

CHAPITRE XI.

Suite.

LE chat peut être aussi regardé comme un animal domestique, et l'on ne saurait disconvenir qu'il ne soit très-utile. Il y a des femmes qui n'ont pas moins d'une douzaine de ces animaux chez elles, non à cause de l'utilité qu'elles en tirent, mais parce qu'elles les trouvent infiniment aimables et remplis de gentillesses.

Le chartreux, qui s'est caché sous le nom de Vigneul-Marville, dit, dans ses *Mélanges* : « J'ai vu à Paris une Dame qui, par son industrie et par la force de l'éducation, avait appris à un chien, à un chat, à un moineau et à une souris, à vivre ensemble comme frères et sœurs. Ces quatre animaux couchaient en même lit et mangeaient au même plat. Le chien, à la vérité, se servait le premier, et bien; mais il n'oubliait pas le chat, qui avait l'honnêteté de donner à la souris certains petits ragoûts qu'elle préférait, et de laisser au moineau les miettes de pain que les autres ne lui enviaient pas. Après la panse venait la danse; le chien léchait le chat, et le chat léchait le chien; la souris se jouait aussi des pattes du chat, qui étant bien appris, retirait ses griffes, et ne lui en faisait sentir que le velours. Quant au moineau, il voltigeait haut et bas, et béquetait tantôt l'un, tantôt l'autre, sans perdre une seule plume. Il y avait enfin la plus grande union entre ces confrères d'espèces si différentes, et l'on n'entendit jamais parler ni de querelle, ni du moindre trouble entre eux, tandis qu'il est impossible à l'homme de vivre en paix avec son semblable.»

Un abbé fut redevable de la vie à

la tendresse qu'il avait pour son chat. Cet abbé tomba malade, eut un accès de léthargie; on le crut mort, et l'on fit tous les tristes apprêts qu'exige le dernier voyage des défunts. Tandis qu'on le mettait dans la bière, ceux qui étaient chargés de ce soin, voyant qu'un chat qu'il avait beaucoup aimé, tournait autour de l'étui funéraire, en miaulant de toute sa force, ils le prirent et furent assez méchans pour l'enfermer avec son maître, sans en rien dire à personne. Pendant le convoi, lorsqu'on portait le corps pour l'aller mettre en terre, le prétendu mort fut tiré de sa léthargie, par la chaleur que lui communiquait le chat, placé directement sur son estomac. Entendant chanter les prières pour les morts, et se sentant garotté, il se douta de la cruelle position où il se trouvait. Dans cette affreuse détresse, il parvint à dégager ses mains et pinça fortement ce qu'il y avait de pesant sur sa poitrine. Le chat se mit à miauler si épouvantablement, qu'il fut entendu de tous ceux qui assistaient à la lugubre cérémonie. Peu s'en fallut que tout le monde ne prît la fuite ; cela n'aurait pas manqué d'arriver dans un siècle moins éclairé, où l'on attribuait au diable tous les événemens extraordinaires. Le convoi s'arrêta, et les plus hardis ouvrirent en tremblant le cercueil, d'où aussitôt s'élança le chat, suivi l'instant d'après de son maître, qui traînait le drap dont on l'avait enveloppé, et se mit à courir vers sa maison, sans regarder derrière soi, comme s'il eût craint d'être replongé dans l'étui funèbre dont une espèce de miracle venait de le faire sortir.

Un grave personnage, nommé Christophe Bartholin, enseignait depuis vingt ans le droit dans la Faculté de droit de Paris. Loin d'avoir jamais été tenté de se soumettre au joug du mariage, il fuyait toutes les femmes, trop aimables, disait-il, pour n'être pas dangereuses; son cœur froid et son égoïsme le rendaient incapable de former aucun attachement. Mais il changea tout-à-coup, et on le vit donner des preuves d'une extrême sensibilité. Qui parvint à attendrir cette âme si long-temps indifférente, et comme endurcie, faute d'avoir exercé des facultés si précieuses? Le croirait-on? ce fut un chat. Voici par quelle aventure il devint possesseur du trésor qu'il a tant chéri. Un soir qu'il se retirait chez lui, la tête baissée, et méditant profondément un point de jurisprudence, un inconnu l'aborda, en fondant en larmes, et prononçant tout bas des mots entrecoupés, qu'il paraissait n'avoir pas la force de mieux articuler. « Que le ciel vous assiste, (dit brusquement Bartholin, persuadé qu'on venait recourir à sa charité). — Hélas ! mon cher Monsieur, s'écria douloureusement l'inconnu, sauvez la vie à un pauvre malheureux qui se meurt d'inanition, et que la misère du temps m'empêche de nourrir. Je jure que, si vous refusez de vous en charger, je vais de ce pas, quelque peine que me fasse un tel sacrifice, je vais le jeter dans la rivière. — O ciel ! reprit Bartholin, saisi d'horreur, aurais-tu bien l'inhumanité d'ôter la vie à une innocente créature ? » A ces mots il allait s'éloigner brusquement de celui qu'il regardait comme un enfanticide : il lui semblait même entendre les cris du malheureux poupon. Mais l'inconnu, l'arrêtant par le bras, lui dit : « Vous vous trompez ; tenez, voici le misérable orphelin, que je recommande à votre bienfaisance. » Alors il mit la main sous la basque de son habit, et se disposa à tirer quelque chose d'un pannier. Bartholin frémit, bien persuadé qu'il allait en voir sortir un enfant, dont on le forcerait de se charger. Mais quelle fut sa surprise, de ne voir paraître qu'un gros chat angora, qu'on lui remit entre les mains, en le conjurant d'avoir pitié des malheureux. La sympathie agit sans doute ; le professeur en droit se sentit attendrir, se chargea du pauvre animal; et celui qui venait de s'en débarrasser ne s'éloigna qu'après avoir comblé de bénédictions le protecteur de son chat, qu'il couvrit de baisers, et arrosa de ses larmes. Bartholin fut à peine devenu possesseur de l'angora, qu'il lui trouva une physionomie intéressante, et conçut pour lui la plus tendre amitié. Il voulut qu'il mangeât à table, à côté de lui, et ne faisait que rire des libertés qu'il lui voyait prendre. Ses espiégleries, ses malices continuelles amusaient extrêmement notre grave pédagogue, dont le front se dérida enfin, à la grande surprise de ceux qui l'avaient vu sourcilleux pendant plus de quarante ans.

Le bonheur du maître en droit fut détruit pour jamais, lorsqu'il s'y attendait le moins. Il faut savoir que, par économie, il crut devoir louer une partie de l'appartement qu'il occupait ; et ce fut à un honnête négociant nommé Potier. Celui-ci, se fiant à la parole de Bartholin, qui lui avait promis de passer un bail, fit des dépenses considérables pour embellir sa nouvelle demeure ; il regardait d'autant moins à l'argent, qu'il croyait s'être logé pour plusieurs années. Mais que les hommes seraient heureux, s'ils pouvaient lire dans l'avenir ! Un jour que M. Potier faisait arranger des pièces de vin dans sa cave, il trouva, entre deux tonneaux, un chat mort, qu'il reconnut pour l'angora chéri de Bartholin. Selon toute apparence, le pauvre animal, se sentant attaqué d'une maladie mortelle, s'était traîné dans cette cave et y avait terminé ses jours. A peine apprit-il cette triste nouvelle, que le professeur accusa son voisin d'avoir tué son chat ; il intenta un procès criminel à son locataire, après lui avoir fait signifier congé. Les avocats des deux parties eurent l'art d'embrouiller l'affaire. Mais malgré l'éloquence et les subtilités du défenseur qu'employa le négociant, il perdit sa cause, et fut obligé de transporter ailleurs ses dieux pénates. Le triomphant Bartholin, voulant donner une dernière preuve de tendresse pour son chat, lui fit ériger, dans son jardin, un tombeau de marbre, sur lequel on lisait cette inscription gravée en lettres d'or :

Ci-gît Grippe-Minet, le plus chéri des chats :
Que n'ai-je à ses côtés enterré tous mes rats.

Plusieurs maisons de Paris réunissent tout-à-la-fois des chiens, des chats et un perroquet ou une perruche, souvent parlant très-bien ; mais plus ordinairement assourdissant tout le monde par ses cris. Un de ces oiseaux étrangers avait été dressé à dire : *D'où venez-vous, mon ami ?* Un gros lourdeau qui se promenait dans la capitale, grands yeux ouverts, bouche béante, entendant cette question, crut qu'elle s'adressait à lui ; aussitôt il

ôta

ôta son chapeau, et saluant très-respectueusement, il répondit: *Je viens de Limoge en Limousin, mon bel oiseau.*

La marquise de ***, passant un jour dans la rue Saint-André-des-Arcs, entendit un perroquet dont le babil la charma; elle conçut aussitôt une violente envie de l'acheter. Ayant témoigné son dessein au maître de l'intéressant oiseau, elle fut désolée d'en recevoir un refus, motivé sur ce qu'il craignait de déplaire à sa moitié, qui était pour lors absente. La dame, que les difficultés qu'on lui opposait ne faisaient qu'enflammer davantage, offrit jusques à cinquante louis. Cette somme si tentative fut encore rejetée, toujours dans la crainte de priver une femme chérie de l'oiseau qu'elle idolâtrait. Il fallut que la marquise de *** renonçât à la satisfaction de posséder le merveilleux perroquet. L'épouse absente ne fut pas plutôt rentrée, que le phénix des époux l'informa des égards qu'il venait d'avoir pour elle; mais, au lieu de l'en remercier, elle entra dans une violente colère. « Peut-on avoir refusé » cinquante louis, s'écria-t-elle, tandis » que pour la moitié moins j'aurais donné » le perroquet, et son maître par-dessus » le marché! » Le mari, furieux d'être si mal payé de sa complaisance, saute sur le perroquet, lui tord le cou, et le jette dans une marmite qui bouillait devant le feu.

Une demoiselle entretenue avait un perroquet grand parleur; il faut de la discrétion chez ces jolies nymphes, et les perroquets, assez semblables aux jeunes gens, n'en ont guères. Elle avait encore une vieille tante, selon les *us* et coutumes, qui l'aidait de ses conseils intéressés. La prudente directrice ne cessait d'exhorter sa pupile à se faire donner des contrats de rente par le principal locataire de ses charmes, homme fort riche, mais dont la charmante nymphe n'avait encore tiré que de brillantes promesses. Le perroquet babillard écoutait tout, dans les momens où il lui arrivait de se taire, et ne répétait que les gentillesses qu'on lui apprenait sans conséquence. Mais un jour il s'avisa de prononcer, devant le galant qu'on voulait duper, ce qu'il avait entendu dire si souvent à la vieille : *des contrats de rente ; faites vous faire des contrats*. Le mentor femelle sourit, la belle se troubla, on assure même qu'elle rougit, et l'entreteneur étonné eut la simplicité de mettre à profit la leçon du perroquet.

Une jeune personne, douée des charmes les plus séducteurs, sans même en excepter l'esprit, avait deux amans tout à-la-fois, qui briguaient le bonheur d'obtenir sa main. Chacun des deux adorateurs s'efforçait par mille complaisances de l'emporter sur son rival ; et il leur fallait tous les jours redoubler de soins, attendu que la petite personne était aussi capricieuse que jolie ; elle avait dans un même jour tant de fantaisies diverses, qu'ils ne se flattaient point de prévenir ses desirs, c'était assez de pouvoir les satisfaire. En entrant un jour dans le magasin d'un riche marchand d'étoffes, elle apperçut sur le comptoir une très-petite perruche, dont elle raffola aussitôt, et qu'elle témoigna la plus grande envie d'avoir. M. de ***, qui lui donnait alors la main, n'épargna point les offres les plus éblouissantes pour en faire l'acquisition, et parvint, à force d'argent, à engager le marchand à s'en priver. Mademoiselle de ***, au comble de la joie, retourna chez elle emportant la charmante perruche, dont elle fit ses délices jusqu'à ce qu'une nouvelle fantaisie vint lui passer par la tête. Elle admira tellement les tours et l'adresse d'un singe qu'on allait voir en foule au spectacle d'Astley, fameux écuyer anglais, dont l'amphithéâtre était faubourg du Temple, qu'elle déclara qu'elle ne serait contente qu'en possédant le merveilleux animal, et chargea M.***, son autre amant, qui l'avait accompagnée aux exercices d'Astley, de lui acheter l'objet de son enthousiasme. En vain M. **** lui représenta qu'il serait aussi ridicule qu'indiscret de proposer à un homme de vendre un singe qui lui valait chaque jour des sommes considérables. Mademoiselle de *** persista dans son projet extravagant, et déclara qu'elle ne recevrait l'hommage que de celui qui pourrait satisfaire cette dernière fantaisie. M. ***, au désespoir d'un caprice si bizarre, et craignant d'être surpassé par son heureux rival, parcourait un matin quelques rues de Paris, en réfléchissant au moyen qu'il serait possible d'employer pour faire changer d'idée à celle qu'il idolâtrait, malgré ses étranges caprices, lorsque ses yeux furent frappés de l'aspect d'un gros singe, assis fièrement sur la boutique d'un rotisseur, et assez semblable à celui d'Astley. Il n'eut pas de peine à en faire l'acquisition; mais il le paya bien cher, attendu qu'on lui apprit qu'il avait le talent de plumer la volaille. Mademoiselle de **** ne douta pas qu'elle n'eût en sa possession l'animal qu'elle avait tant admiré, et présumant qu'il ne ferait ses tours d'adresse qu'après s'être familiarisé avec les nouveaux visages qui l'entouraient, elle le relégua dans une antichambre. Un soir que le singe se trouva seul avec la perruche, il crut faire merveille en la plumant, et lui enleva si bien sa robe emplumée, qu'à peine lui laissa-t-il quelque léger duvet. Qu'on juge de la consternation de mademoiselle de ***, et des cris qu'elle jeta quand elle s'apperçut du pitoyable état de la pauvre perruche. L'amant qui avait donné cet oiseau, et qui vint à découvrir que le singe n'était point celui d'Astley, s'imagina que son rival avait voulu lui jouer un mauvais tour; il lui parut tout simple d'en tirer raison. En conséquence, défi, duel, et un grand coup d'épée que reçut au travers du corps un de ces messieurs. Quelle en fut la cause ? un singe, une perruche.

CHAPITRE XII.

Carrosses, Cabriolets, Fiacres, et autres voitures publiques.

LE nombre des carrosses et celui des cabriolets augmente tous les jours à Paris.

Le moment heureux de la paix va les multiplier encore, en amenant à la cour du premier Monarque du monde, les ambassadeurs, les savans, les commerçans, les curieux, les riches de toutes les parties du globe.

Il serait à desirer que la police pût imposer aux cochers l'obligation de n'aller qu'au pas, surtout dans les rues étroites et populeuses. Elle a déjà pris de sages précautions pour éviter les accidens, les jours de grandes réunions et de fêtes publiques; mais sa sollicitude a encore un grand pas à faire. A voir la rapidité des chars qui traversent en tous sens cette capitale, on dirait qu'elle vient d'être envahie par un ennemi impitoyable, qui veut en écraser, en broyer les malheureux habitans sous les pieds des chevaux et d'une multitude de chariots de guerre.

A Madrid les mules ne vont que le pas en traînant les carrosses des plus grands seigneurs. Nonobstant cette sage précaution, s'il arrivait qu'un cocher blessât quelqu'un, il serait arrêté sur son siége, et recevrait immédiatement trois cents coups de fouet : on confisquerait la voiture et les chevaux, sans égard pour la personne à qui ils appartiendraient, et ils répondraient des suites de l'accident. S'il était très-grave, la perte serait encore plus considérable pour le maître, et alors on enverrait le cocher aux Présides d'Afrique (les galères).

Le baron de Riesbeck, dans son *Voyage en Allemagne*, dit qu'à Vienne où les carrosses vont très-vîte, il n'y a que sept personnes écrasées par an, au-lieu qu'à Paris on en compte vingt. Son calcul est peut-être exagéré. Toute personne assez riche pour rouler carrosse se donne les airs de faire aller ses chevaux à toute bride. « Il n'y a pas jusqu'aux médecins, » observe un auteur judicieux (1), qui » ont tant de moyens de détruire l'espèce » humaine, qui ne se permettent encore » cette façon de rendre leur profession » plus meurtrière. »

Mais qu'importe d'être broyé sous l'élégant wiski d'une jolie femme, sous le char somptueux d'un riche fournisseur, ou sous la voiture modeste d'un grave Esculape? Les dédommagemens qu'obtiennent les malheureux piétons ne sont pas plus considérables d'une part que de l'autre. Un garçon perruquier fut renversé par un carrosse qui allait très-vite, selon l'usage; une des roues lui cassa le bras; on le porta à

(1) M. Delacroix, ancien avocat, et actuellement juge au tribunal de première instance du département de Seine et Oise.

l'Hôtel-Dieu, après, toutefois, avoir pris le nom et la demeure de celui à qui appartenait le char meurtrier. Dès que l'infortuné fut un peu rétabli, il fit demander quelques secours à cet homme riche, qui eut la cruauté de les lui refuser. La justice approuva les prétentions de ce malheureux jeune homme, et lui adjugea des dommages et intérêts; il eut... soixante francs!

Un seigneur étranger, dit Saint-Foix, (*Essai historique sur Paris*), traversait avec rapidité, à l'entrée de la nuit, une rue étroite; sa voiture légère heurta rudement une borne, et se brisa en éclats. Pour comble de malheurs, un carrosse qui le suivait, dédaigna de s'arrêter, et ses roues passèrent sur le corps d'un cheval de grand prix attelé à la voiture fracassée. Le seigneur, indigné de cette affreuse inadvertance, et plus sensible à la perte de son cheval qu'au desespoir du cocher qui venait de l'écraser, s'élance sur lui l'épée à la main, et lui demande avec fureur, pourquoi il ne s'est point arrêté en voyant un cheval par terre. « Ah ! » Monseigneur, s'écria le cocher, il fait » nuit ; je l'ai pris pour un homme. » Ce trait, qui fait frémir, sert à prouver de la manière la plus forte, le peu de cas que l'on fait souvent des malheureux piétons.

Un honnête homme traînait des jours malheureux dans Paris, depuis plusieurs années, en proie aux horreurs de la misère, quoiqu'il eût, dans cette grande ville, des parens fort riches ; mais comme c'étaient des gens parvenus, des agioteurs, d'opulens fournisseurs, les uns le berçaient de trompeuses promesses sans le secourir d'un écu, et les autres poussaient la cruauté jusqu'à lui fermer leur porte. Enfin, lorsqu'il y pensait le moins, l'un d'eux le mit à même de n'avoir besoin de personne. Voici comment la chose arriva. Il venait d'éprouver de nouvelles duretés

de la part de ses parens enrichis, lorsqu'au détour d'une rue, un brillant équipage, volant aussi vîte que le vent, le serra tellement contre une borne, qu'il y fut à demi écrasé. Sur le point de rendre l'âme, il jeta un coup-d'œil mourant dans l'élégante voiture, dont le peuple retenait les chevaux, et connut que les liens du sang l'unissaient de près au maître du char. « Laissez-le aller, s'écria-
» t-il d'une voix faible, l'homme qui est
» dans ce carrosse est mon cousin-ger-
» main. — Mais, lui dit-on, l'impru-
» dence de son cocher est cause que
» vous êtes grièvement blessé : il faut
» obtenir contre lui des dommages et
» intérêts. — Hélas ! reprit le moribond,
» en abrégeant aujourd'hui ma vie, il
» m'épargne mille morts, que j'endurais
» chaque jour ; car est-ce vivre que
» de languir dans le besoin ? De vingt
» parens riches que j'avais dans cette
» ville, celui-ci est le seul qui termine
» mes infortunes. » A ces mots la voiture

s'échappe du milieu de la foule, et l'infortuné expire aussitôt dans les bras de ceux qui le soutenaient.

Voici quatre vers excellens sur les anciens parvenus, les fournisseurs, les agioteurs, et autres gens de cette espèce qui roulent carrosse, faits par un poète qui allait à pied, et dont la muse, sans doute, se proposait de consoler les malheureux piétons :

Dans des chars transparens, où le luxe se joue,
J'ai vu les dieux du jour nonchalamment portés ;
J'ai fait mieux que les voir ; ils m'ont couvert de boue:
Noble émanation de ces divinités !

L'étranger opulent se procure à Paris un carrosse de remise à tant par jour, ou par mois; outre les chevaux et la voiture, on lui loue encore des laquais, qu'il fait costumer à sa fantaisie.

Les premiers carrosses qu'on vit en France s'appelaient coches; ils avaient la forme lourde et massive de ceux de nos anciennnes messageries, avec de grandes portières de cuir qu'on abaissait pour y entrer, et l'on n'y mettait que des rideaux : encore étaient-ils un objet de luxe peu commun. Sous François Ier., il n'y en avait que deux, celui de la reine, et celui de Diane, fille naturelle de Henri II. Henri IV n'en avait qu'un seul, dont il se privait quand la reine en avait besoin. Il écrivit un jour à Sully : « Ma femme m'a emprunté ma coche. » S'il y avait eu des glaces au carrosse de ce monarque, peut-être n'aurait-il pas été assassiné par Ravaillac. Avant qu'on se servît de ces voitures, les rois voyageaient à cheval, les princesses allaient en litière, et les dames en trousse derrière leurs écuyers. Au reste, les carrosses, ainsi que toutes les voitures qui ont été imaginées depuis, à leur imitation, sont de l'invention des Français.

L'usage des glaces aux carrosses nous

est venu d'Italie C'est Bassompière qui, sous Louis XIII, en fit mettre le premier à son carrosse ; d'autres disent que ce fut le grand Condé, à son retour de la Flandre espagnole.

Les carrosses de remises ne furent établis qu'en 1650, et les fiacres ou voitures de place, en 1657. Vers le milieu du XVIIe. siècle, on ne comptait encore que trois ou quatre cents carrosses dans la capitale : il y en a eu depuis jusqu'à trente mille.

Une des clauses insérées au bail que passait aux fermiers de sa terre, près Paris, Gilles Lemaître, premier président du parlement, sous Henri II, était qu'aux quatre grandes fêtes de l'année, et au temps des vendanges, lesdits fermiers lui amèneraient une charrette couverte, et de la paille fraîche dedans, pour y asseoir sa femme et sa fille ; et encore qu'ils lui amèneraient un ânon ou une ânesse, pour servir de monture à leur chambrière.

Au mois de mars 1699, le parlement de Paris fit construire, dans la cour du Mai, un seuil ou montoire, pour que les anciens présidens et conseillers pussent remonter plus aisément sur leurs chevaux ou sur leurs mules, en sortant de l'audience. Un conseiller offrait alors à son confrère la croupe de son cheval, comme il lui offrit depuis une place dans son élégant vis-à-vis.

Ce ne fut qu'en 1588 qu'on commença à se servir de carrosses en Angleterre; avant cette époque, la reine Elisabeth paraissait dans les cérémonies publiques, montée en croupe derrière son chambellan.

Dans des temps plus reculés, les évêques d'Angleterre voulaient que les fêtes et les dimanches on n'allât qu'à pied. Leurs règlemens défendaient, même à la Reine, d'aller ces jours-là en chariot, à cheval ou en bateau.

Les voitures anglaises, dont les formes et les dimensions servaient autrefois de modèles aux carrossiers français, étaient extrêmement basses en 1805. « Pour cette fois, dit alors un homme d'esprit, la mode n'en prendra pas en France ; la plupart de nos financiers du jour prétendent que ce genre de voiture les rapprocherait trop du point d'où ils sont partis. »

La vitesse des carrosses et des cabriolets n'est pas le seul abus auquel il est du devoir de la police de remédier au plutôt ; je lui dénonce encore les charretiers, les voituriers, qui, au milieu des rues où circule une foule nombreuse, frappent leurs chevaux avec des fouets extrêmement longs, en sorte que le visage des passans est souvent cicatrisé d'une manière effrayante, et que souvent même ils emportent un œil aux malheureux qui se trouvent à la portée de leur fouet énorme. Celui des voituriers de Pékin a le manche et la lanière très courts. Faut-il que la police des Chinois, en cette partie importante, soit supérieure à celle des Français ?

Les cabriolets sont une voiture très-dangereuse par la vélocité et le peu de bruit de leur course; vous en êtes souvent renversé avant de les avoir entendu venir. Quelqu'un observa, dès 1787, qu'il faudrait attacher une sonnette au cou du cheval attelé au cabriolet. Un mauvais plaisant chercha à tourner en ridicule ce conseil salutaire, en recommandant que cette sonnette fût harmonieuse, parce qu'on aime beaucoup, dit-il, la musique dans Paris, et qu'il serait consolant d'être écrasé en musique.

Maintenant, en 1808, on s'est avisé d'attacher au cou de ce cheval plusieurs grelots, et au cabriolet deux petites lanternes qu'on éclaire le soir. Mais les accidens n'en sont guère moins fréquens, parce que la police a négligé de faire mettre des entraves aux pieds des chevaux qui traînent ces sortes de voitures.

On n'a point assez fait attention au bon mot de Louis XV, qui disait quelquefois : « Si j'étais lieutenant de police, je défendrais les cabriolets. »

Le 13 août 1793, le corps municipal de cette immense cité prit l'arrêté suivant : « Considérant que le grand nombre de voitures qui circulent en tous sens dans les rues, occasionne souvent des malheurs ; considérant que des magistrats républicains doivent s'intéresser d'une manière spéciale à la portion intéressante de leurs concitoyens, qui sont obligés d'aller à pied dans cette cité populeuse; arrête, 1°. qu'il ne sera plus percé aucune rue à l'avenir, sans qu'il n'y soit construit des trotoirs;

2°. qu'il est enjoint à l'administration des travaux publics d'ordonner qu'il soit aussi établi des trotoirs dans les nouvelles rues dont le percement vient d'être consenti ; 3°. que l'administration des travaux publics lui fera, dans le plus court délai, un rapport sur les rues anciennement ouvertes qui peuvent admettre des trotoirs. »

Nos petits-enfans verront peut-être l'exécution de ce sage règlement, ainsi que de celui rendu par la même municipalité, au commencement de la révolution, qui enjoint aux cochers et aux conducteurs de cabriolets de n'aller que le pas dans les rues de Paris; arrêté renouvelé et perfectionné par le bureau central, an VI (1797), mais à l'égard seulement des cabriolets. Il est bien étonnant que depuis cette ordonnance philantropique, un abus si dangereux n'ait fait qu'augmenter, par l'établissement des cabriolets publics, qu'on peut louer maintenant à l'heure pour rouler comme la foudre dans toutes les rues de Paris, et menacer continuellement les jours des femmes, des enfans, des vieillards, des infirmes, des hommes chargés de lourds fardeaux, etc. etc. etc.?

M. Delbret, représentant du peuple, parla en ces termes au conseil des cinq-cents, l'an VI, le 26 thermidor: « Je viens dénoncer au conseil un abus qui ne peut être toléré plus long-temps, puisqu'il compromet tous les jours la sûreté et la vie des citoyens ; je veux parler des cabriolets que vous voyez parcourir les rues de cette commune avec une vîtesse qui fait tous les jours de nouvelles victimes. Tout récemment encore j'ai vu une de ces voitures écraser un malheureux ouvrier. Comment des fonctionnaires publics, qui ont mis tant de zèle et d'activité à faire disparaître ces échopes où des citoyens indigens se retiraient pour gagner leur subsistance; comment, dis-je, ces mêmes fonctionnaires n'ont-ils pas étendu leur surveillance sur ces échopes mobiles et brillantes qui ne renferment le plus souvent que des agioteurs, des prostituées et des oisifs, dont les occupations les plus importantes sont de se rendre aux spectacles, aux tripots et aux lieux de débauche? Les rues appartiennent au public, et l'homme à pied fait partie du public; les voitures ne peuvent donc occuper que la place qui n'est pas occupée par lui. Législateurs, vous devez écouter la voix de l'humanité; l'abus qu'on vous dénonce vient ou de l'inertie des magistrats, ou de l'insuffisance des lois. Dans l'un ou l'autre cas, c'est à vous de le faire disparaître. »

Ce législateur estimable n'obtint point ce que sollicitait, par son organe, la voix de la justice et de l'humanité; quelque temps après, ce funeste abus devint même plus considérable, par la tolérance qu'obtinrent les cabriolets publics : il semble qu'il y ait une ligne de démarcation entre les riches et les pauvres.

Le jour de Pâques, année 1788, un étourdi, conduisant avec rapidité un cabriolet, rue Dauphine (Thionville), à l'entrée de la nuit, renversa une femme, et pressait son cheval encore plus vite pour échapper à la rumeur que causait cet accident, lorsqu'il rencontra un peu plus loin un ecclésiastique, nommé l'abbé de Tourneporte, qu'il écrasa sur la place.

Au milieu d'un hiver rigoureux, un jeune homme rempli de bienfaisance trouva sous ses pieds, à sept heures du soir, un vieillard qui était tombé en faiblesse. Il le prit dans ses bras, lui demanda où il logeait, et dirigea ses pas vers le quartier que lui indiqua le malade. Il suivait péniblement une rue étroite et mal unie, lorsqu'il fut cotoyé par une lourde charette, bientôt atteinte par un cabriolet. Le jeune homme, s'appercevant que le conducteur du cabriolet se préparait à dépasser, lui remontra que la voie n'était pas assez large pour contenir de front, deux voitures et un homme debout chargé d'un malade en travers. L'homme en cabriolet regarda le harangueur, et sans répondre un mot, allongea sur la croupe de son cheval un grand coup de fouet doré. L'animal s'élança et le porté et le portant furent jetés dans l'encoignure d'une borne. Heureusement ils en furent quittes, le premier pour la peur, et le second pour une forte contusion à la cuisse.

Quinze jours après, ce même jeune homme si estimable, regagnant son logis, à neuf heures du soir, à l'aide d'une béquille, vit un gros homme ivre perdre son à-plomb et aller tomber au milieu de la rue. Un cabriolet qui venait au galop eut le temps d'arriver sur l'ivrogne avant que le jeune homme bienfaisant eût seulement songé à le secourir. Mais le cabriolet s'arrêta tout court. Dieu soit loué! dit-il en lui-même, voici un brave homme qui aime mieux perdre une
minute

minute que d'écraser un piéton. A pein[e] eut il roulé l'ivrogne contre un mur, qu[e] le cabriolet repartit comme un éclai[r.] Notre jeune homme en conclut que l[e] maître était pressé. « Vous vous trompez[,] lui dirent des gens qui accouraient, il n'[y] a personne dans la voiture. Vous n'ave[z] vu qu'un cheval échappé ; voilà so[n] maître à pied qui fait ses efforts pour l[e] rejoindre. »

Le comte de ***, menant très-rapi[-]dement un cabriolet, faillit écraser u[n] chevalier de Saint-Louis, qui n'eut qu[e] le temps de sauter à la tête du cheval e[t] de l'arrêter au milieu de sa course. L[e] comte, redoublant d'imprudence, donn[a] de son fouet sur le visage du chevalier[.] Celui-ci, justement indigné, et ne pou[-]vant modérer le transport de sa colère[,] tira l'épée, et la passa au travers du corp[s] du jeune étourdi. Alors il dit au jocke[t] perché derrière la voiture, et triste e[t] immobile spectateur de cette scène d'hor[-] reur : « Conduisez le corps de votre maître chez lui, et en menant un cabriolet, soyez plus sage qu'il ne l'était ordinairement. »

Rien de si ridicule que l'élévation prodigieuse de ces légers cabriolets, appelés *wiski*, que le moindre choc peut renverser dans la boue. Une femme du peuple en fit une critique fort juste. Un de ces Phaétons modernes était, à l'entrée de la nuit, serré contre un mur par un fiacre : « Laisse, laisse passer, dit-elle, ce monsieur, qui va allumer les réverbères. »

Un nommé Sauvage, demeurant rue Saint-Martin, à l'hôtel Saint-Fiacre, eut le premier l'idée des voitures de place ; ce qui a fait donner le nom de *fiacre* à la voiture et au cocher. En 1650, François Villerme obtint le privilège exclusif de louer à Paris des carioles de toutes grandeurs. Sept ans après, il en fut accordé un pour les carrosses de place à un M. de Givri. Le succés de cette entreprise excita beaucoup d'autres particuliers à solliciter la même faveur, et on ne tarda point à avoir de ces voitures dans les différens quartiers de Paris.

Le père Labat, dominicain, fameux par plusieurs Voyages, et qui vécut jusqu'en 1738, parlant des carrosses de louage ou fiacres, s'exprime de la sorte : « Je me souviens d'avoir vu le premier » carrosse de louage qu'il y ait eu à Paris ; » on l'appelait *le carrosse à cinq sous,* » parce qu'on ne payait que cinq sous » par heure ; il pouvait contenir six per- » sonnes, parce qu'il y avait des portières » qui se baissaient, comme on en avait » aux coches et carrosses de voiture. Ce » carrosse avait une lanterne placée sur » une verge de fer au coin de l'impériale, » sur la gauche du cocher. Ce cocher » logeait à l'image *Saint-Fiacre,* d'où » il prit son nom en peu de temps, nom » qu'il a communiqué à tous ceux qui » l'ont suivi. »

Pendant plusieurs années il y eut une image de Saint-Fiacre placée en dehors ou en dedans de ces sortes de voitures.

Elles étaient jadis extrêmement délâbrées, et traînées par de véritables rossinantes. Depuis la révolution de 1789, les fiacres sont devenus aussi propres que des carrosses bourgeois.

Dans le commencement de leur origine, M. d'Argenson, lieutenant-général de police, excédé des plaintes qu'il recevait de toutes parts, de l'insolence et de l'avidité des fiacres, n'y trouva enfin d'autre remède que celui de leur donner un supérieur, tiré de leur corps même, et dont la probité fût la moins suspecte. Le nommé M***, devenu, après trente ans d'expérience, propriétaire de plusieurs voitures de cette espèce, et prêt à se retirer, parut plus propre que tout autre à remplir les vues du Magistrat; il fut donc choisi pour juge, en première instance, de ses anciens camarades, dont le caractère et les mœurs étaient censés lui être mieux connus qu'à tout autre. Revêtu de ces pouvoirs, ce maître fiacre donnait par semaine deux audiences, auxquelles étaient cités ceux de ses anciens confrères contre lesquels, soit de bouche, soit par écrit, on avait formé quelques plaintes. Là, tenant d'une main la liste des ajournés, et de l'autre un gros bâton noueux, l'intendant commençait presque toujours, après avoir appelé l'accusé, et même avant d'entendre sa défense, par lui appliquer une douzaine de coups de ce même bâton sur les épaules, et finissait par l'envoyer à Bicêtre, au cas qu'il se trouvât en effet coupable. Si, par un hasard peu commun, le cocher était innocent, la réparation que lui faisait le correcteur consistait en ces mots: « Si tu n'as pas tort aujourd'hui, tu l'eus hier, ou tu l'auras demain. Bon jour, confrère, et tâche d'être sage. » S'il faut en croire les auteurs contemporains, ce tribunal, sévère mais équitable, était si redouté, que le plus ivre et le plus insolent cocher de fiacre, pour peu qu'il vît prendre son numéro, ou que le nom de l'intendant fût prononcé par ceux qu'il voulait rançonner, devenait tout-à-coup un autre homme.

Nous avons eu occasion d'observer la probité admirable de la plupart des cochers de fiacre (1). En voici deux nouveaux exemples. Un jeune notaire, reçu depuis peu, et venant à peine de se marier, prit un soir un fiacre pour se faire reconduire chez lui, et oublia dans la voiture son portefeuille, qui contenait pour cinquante mille fr. de billets au porteur. Le moderne Phaéton aurait sûrement découvert tout de suite ce trésor en regardant dans son char public; mais au moment qu'il achevait sa course, trois dames l'arrêtèrent et se firent conduire à Bercy, sans se douter que l'une d'elle fût assise sur une somme considé-

(1) Chap. VIII, pag. 191 et suiv.

rable. Arrivé dans ce village, le cocher apperçoit le portefeuille, en arrangeant les coussins, et demande aux dames s'il leur appartient. Elles répondent que non, le paient et le renvoient. Il examine sa trouvaille, voit qu'elle peut l'enrichir à jamais; il n'en forme pas moins le dessein de restituer le tout, qu'il soupçonne appartenir au notaire qu'il a conduit dans une telle rue, et dont il se représente la douleur. M. **** était en effet au désespoir, attendu qu'il ignorait le numéro du fiacre, et qu'une perte aussi importante ne pouvait qu'être funeste à un établissement à peine formé. Vers les deux heures du matin l'on vint frapper à sa porte à coups redoublés; c'était l'honnête cocher, qui demanda à parler au maître de la maison pour affaire pressée; le notaire, qui ne faisait que s'agiter dans son lit, se leva sans trop regretter la plume oiseuse; on introduisit l'estimable Phaéton, qui demanda à M. **** s'il n'avait pas perdu quelque chose dans la journée. « Hélas! oui, mon ami, un portefeuille très-précieux. — Tenez, le voilà; si je l'eusse gardé, il aurait troublé mon repos. Adieu, je vais me coucher. » M.****, étonné, ravi d'une probité que beaucoup de gens riches n'eussent peut-être pas eue, donna au vertueux cocher cinquante louis, et dormit bien mieux cette nuit-là qu'il ne s'y était attendu.

Le 7 décembre 1806, un habitant d'Evreux étant à Paris, oublia dans un fiacre un sac rempli d'argent, qui lui fut fidèlement rapporté par le nommé Pierre Bornat, âgé de 17 ans, fils du propriétaire et conducteur de la voiture numérotée 941. Ce jeune homme, étonné que l'on mît quelque importance à son action, reçut de M. le conseiller d'Etat préfet de police, la récompense que méritait sa probité.

Tous les cochers de fiacre ne ressemblent point à ceux-ci. On prétend qu'il en est quelques-uns qui ne se font point scrupule, non-seulement de soustraire les objets oubliés dans leurs voitures, mais même de vous mener la nuit dans des rues écartées, solitaires, sans que vous y preniez garde, et vous êtes trop heureux lorsqu'ils vous volent sans vous assassiner.

Mais, sans être des scélérats, ils sont ordinairement très-opiniâtres, très-brutaux. Bornons-nous à n'en rapporter qu'un seul exemple. Le Phaéton d'un fiacre antique, c'est-à-dire, de l'ancienne régie, était sur la place du Palais-Royal avec son carrosse délâbré et ses chevaux étiques; arrive un jeune militaire, qui se jette lestement dans la voiture et dit au cocher : « à Chaillot; fouette grand train. — A Chaillot! Monsieur, je ne vous y mènerai point. — Comment, coquin! — Non, Monsieur, je ne vous mènerai pas à Chaillot. » La tête du militaire s'échauffe; il ouvre la portière, s'élance sur le pavé, et la canne en l'air : « Parbleu, s'écrie-t-il, je te ferai bien marcher. — Monsieur, je n'irai pas, vous dis-je. — Tu vas te repentir de ton insolence. — Encore une fois, je reste ici. » Pour le coup, le militaire furieux passait aux voies de fait, quand le cocher, arrêtant sa canne : « Tenez, Monsieur, lui dit-il, je vous jure que je n'irai pas, et je vais vous en faire convenir vous-même, si vous me faites la grâce d'écouter quatre mots. » Le jeune officier paraissant disposé à le laisser parler : « Vous voulez, continuat-il, que j'aille à Chaillot; je vous assure que je n'irai pas, et voici comment je le prouve : vous allez me donner de votre canne sur le dos; je vais vous donner de mon fouet sur la figure; vous me passerez votre épée au travers du corps : ainsi vous voyez bien, Monsieur, que je n'irai pas. » Le militaire prit le parti de monter dans un autre fiacre.

Il est, dans Paris, une autre espèce de cochers encore plus malheureux que les fiacres; ce sont ces hommes qui traînent à force de bras ces voitures à deux roues qu'on nomme *vinaigrettes* ou *brouettes*. Le poëte Fuzelier, auteur de *Momus Fabuliste*, se servait ordinairement de ces sortes de voitures, et appelait celui qui la tirait, son cheval baptisé.

Une dame de province, que le luxe n'avait pas encore endurcie, et qui était à Paris depuis quelques jours, voyant un gros abbé sortir d'une brouette attelée d'un homme, lui dit d'un ton compatissant : « Oserais-je, Monsieur, vous demander ce qu'a fait ce malheureux pour être condamné à vous traîner? Il est tout en eau, et à l'air de n'en pouvoir plus. Pourrait-on lui obtenir sa grâce? — Il est payé, répond le robuste chanoine, pour être un cheval. »

L'usage des chaises à porteurs nous vient d'Angleterre, et il fut introduit en France par M. de Bellegarde, grand écuyer d'Henri IV (1).

(1) Ménagiana, 3. édit. T. III. p. 300.

Un provincial nouvellement débarqué à Paris, était d'une simplicité à donner dans tous les pièges qu'on lui tendrait. Il voulut faire des visites, et demanda quelle était la voiture la plus honorable. Quelqu'un de l'hôtel où il était logé lui fit entendre que s'il voulait se distinguer, il devait se servir d'une chaise à porteurs. En même temps il résolut de lui faire une petite malice. Pour cet effet, il envoya querir des porteurs, leur fit ôter, en les payant bien, le siège et le dessous de la chaise : en sorte que le provincial se vit obligé de se tenir debout. Comme les porteurs allaient fort vîte, il fallait que dans cette boîte où il était enfermé, il marchât de la même vîtesse; ses jambes se frottaient tantôt contre le devant, tantôt contre le derrière de la chaise. Après une heure de ce singulier exercice, il fut si fatigué, qu'il n'eut plus la force de se tenir debout, et demanda à sortir d'une telle prison. Persuadé que toutes les chaises à porteurs étaient faites comme la sienne, il disait :

» Ma foi, excepté l'honneur d'avoir une chaise, j'aimerais mieux aller à pied. »

Les vinaigrettes ou brouettes furent inventées à Caen, en Normandie, par un personnage fort original, nommé Malotru, abbé de Saint-Martin, qui s'en servait pour se faire traîner dans les rues de la ville où il faisait sa résidence. Ce personnage, d'une figure grotesque, avait ordinairement neuf calottes sur la tête pour se garantir du froid, avec une perruque par dessus, toujours de travers et mal peignée ; en sorte que sa figure n'était jamais dans une situation naturelle. Il mettait aussi neuf paires de bas l'une sur l'autre. Son lit était de brique, sous lequel il y avait un fourneau, où il faisait allumer du feu selon le degré de chaleur dont il croyait avoir besoin.

CHAPITRE XIII.

Restaurateurs, Traiteurs, Aubergistes, Marchands de Vins, Cafés.

On peut, à Paris, faire la chére la plus splendide et la plus délicate, pour son argent ; cette capitale offre, à cet égard, des facilités qu'on aurait de la peine à trouver dans une autre ville. A toute heure de la journée et de la nuit vous pouvez vous procurer un excellent repas. Si vous êtes forcés de vivre avec économie, vous rencontrez dans la plupart des rues, des auberges où l'on dîne depuis vingt-quatre sous, jusqu'à six sous. On les appelle *Arches de Noé*. Tel particulier, après y avoir pris un modeste repas, va se pavaner aux cafés, aux promenades, aux spectacles, et serait bien mortifié qu'on sût où il a mangé ; comme s'il était honteux de dîner avec sobriété lorsqu'on n'est pas riche ! Plus d'un Gascon fait son repas d'une bavaroise, et se cure les dents avec fierté.

On sait l'histoire du poète Saint-Foix, qui ayant vu dans un café, vers les trois heures après midi, à la même table où il se trouvait, un de ces Gascons peu fortunés prendre un repas aussi substantiel, marmottait entre ses dents, mais assez haut pour être entendu : *voilà un bien mauvais dîner.* Impatienté de ce refrein continuel, l'homme à la bavaroise voulut savoir s'il s'adressait à lui, et n'en reçut, pour toute réponse, que la répétition des mêmes mots. Il fallut se battre ; les deux champions se rendirent dans une rue détournée, et Saint-Foix reçut un coup d'épée au travers du bras ; mais sans se déconcerter en voyant couler son sang, il dit à son brave adversaire : « Tuez-moi, » Monsieur : je dirai toujours que vous » avez fait un bien mauvais dîner. » Celui-ci prit le parti de rire et de laisser-là ce mauvais plaisant.

En arrivant à Paris, vous trouverez dans tous les endroits où descendent les voitures publiques, des commissionnaires qui indiquent aux voyageurs les meilleurs logemens, selon le prix qu'on y veut mettre. Dans les hôtels-garnis des traiteurs fournissent à manger à ceux qui le desirent ; on peut vivre dans sa chambre avec agrément, si on ne craint pas la solitude.

M. Mercier donne une idée très désavantageuse des tables d'hôtes ; mais on sait que l'exagération est la principale figure de rhétorique qu'il emploie dans son *Tableau de Paris.* « Les tables d'hôtes, dit-il, sont insupportables aux étrangers ; *mais ils n'en ont pas d'autres.* Il faut manger au milieu de douze inconnus, après avoir tourné un couvert : celui qui est doué d'une politesse timide ne peut venir à bout de dîner pour son argent; le centre de la table, vers ce qu'on appelle les pièces de résistance, est occupé par des habitués, qui s'emparent de ces places importantes, et ne s'amusent pas à débiter les anecdotes du jour. Armés de mâchoires infatigables, ils dévorent au premier signal : leur langue épaisse et inhabile à articuler, sait en revanche faire descendre dans son estomac les plus gros et les meilleurs morceaux. Ces athelètes, semblables à Milon de Crotone, dégarnissent la table de plats; et il faut les maudire au bout de quelques minutes, ainsi que Sancho Pança maudit son perfide médecin. Malheur à l'homme lent à mâcher ses morceaux : placé entre ces avides et lestes cormorans, il jeûnera pendant le repas; en vain il demandera sa vie aux valets qui servent; la table sera nette avant qu'il ait pu en rien obtenir; leurs oreilles, accoutumées aux demandes réitérées, ne s'épouvantent point des cris et des menaces : il faut savoir manger vite, c'est le plus court, car il est impossible de se faire obéir. Quand ces vautours, ayant dévoré la part de leurs voisins, ont rempli les cavernes profondes de leurs intestins d'une manière également gloutonne et impolie, alors de mangeurs ils deviennent parleurs impitoyables ; ils font retentir de leurs glapissemens les voûtes enfumées de ces salles à manger, et la confusion dans les sujets et les discours répond à l'impropriété des expressions et à l'indécence des propos. Ce serait d'ailleurs un miracle si l'on sortait de ce lieu sans avoir atrappé sur ses habits quelques éclaboussures des plats portés en poste par des mains grossières et maladroites. »

Il est certain qu'on est beaucoup mieux, et à moins de frais, aux tables d'hôtes, que chez les élégans restaurateurs, où l'on ne semble vous servir des mets que par échantillon. « Les restaurateurs, dit un écrivain (1), ne laissent que le desir

(1) Paris en miniature.

d'aller manger ailleurs, lorsqu'on y a pris un repas. Tous les plats sont en miniature, et tout s'y vend au poids de l'or. Les élégans, qui ne sont rien moins que pécunieux, n'y vont que par ton ; aussi ne manquent-ils pas d'étudier la liste des mets et de passer dessus comme un chat sur la braise, dans l'appréhension de les trouver trop chers. C'est un réfectoire de capucins, disait un Gascon, il n'y a point de nappe, l'on n'y parle pas, l'on en sort avec l'appétit. »

Ce qu'il y a encore de désagréable, presque tous les mets qu'on y propose, ont des noms bizarres auxquels on ne comprend rien ; vous lisez sur la carte : *Mayonnaise de poulet ; galantine de volaille; épigramme d'agneau.* Le restaurateur croit faire briller son esprit en imaginant de pareils noms : de l'épigramme d'agneau ! quelle singulière antithèse ! Dans la liste des liqueurs que l'on vous y propose, vous lisez avec étonnement le nom énigmatique et inintelligible de *velours en bouteille.*

On raconte qu'un plaisant ayant escamoté la carte pour en substituer une composée de ragoûts extravagans, tels que *chauves-souris aux oignons*, ou *lézards aux petits pois*, etc., un provincial, tout frais arrivé, en fut la dupe, et tenant la chose pour réelle, il s'écria plein de fureur : « On m'avait bien dit qu'on
» ne faisait rien à Paris comme ailleurs,
» et que des modes ridicules avaient tout
» gâté, jusqu'à la manière de faire la
» cuisine. »

Rien de plus plaisant que le style des garçons restaurateurs. Elevez-vous la voix pour demander : « Garçon, du bouilli. — Un bœuf à monsieur.... Voulez-vous de la sauce? — Non. — Un bœuf au naturel. » Le bœuf arrive ; il n'est personne qui, pour peu qu'il ait d'appétit, ne puisse manger une demi-douzaine de ces bœufs. Vous demandez des côtelettes. — Tout-à-l'heure, vous êtes sur le gril. — Voyez donc si j'aurai bientôt mes goujons. — Citoyen, vous êtes dans la poêle. — Et mon tronçon d'anguile. — Un moment, on vous écorche.

Ce qu'il y a de singulier, c'est que les Celtes, les premiers habitans de l'Europe, suivaient, il y a trois mille ans, l'usage établi de nos jours par les restaurateurs. Voici ce que rapporte un de leurs historiens. « Chacun était assis séparément et avait sa table à part, elle n'était ni couverte d'une nappe, ni chargée de beaucoup de mets (1). »

Ce n'est que depuis 1764 que le premier restaurateur s'est établi à Paris, rue des Poulies. Par allusion à ses excellens potages, il avait envie de mettre cette inscription au-dessus de sa porte : *Totum consommatum est*. La police ne l'aurait sûrement pas permis.

Un célèbre voyageur anglais, M. Ma-

---

(1) Histoire des Celtes, par Simon Pelloutier, Liv. II. Chap. 3.

kintosh, sans doute en comparaison de la cherté excessive des auberges de Londres, trouve qu'on vit à fort bon compte chez les restaurateurs de Paris. Voici ses propres termes. « Les maisons publiques tenues par les restaurateurs, et qui répondent à nos *Tavernes* et à nos *Cating-Houses*, offrent bien plus de propreté dans le service, plus de variété dans les mets, quoique le prix en soit très-modéré. On y peut dîner à très-bon compte, et souvent elles réunissent la meilleure compagnie. »

Le célèbre Kotzebue, poète dramatique allemand, semble s'extasier en parlant des restaurateurs de Paris, où l'on trouve, dit-il, à choisir entre neuf espèces de potages, qui sont suivis de sept espèces de pâtés et où on dîne fort bien, sans se rien refuser, en ne dépensant que dix à douze francs.

Opposons à ces éloges le récit naïf que

fait un provincial de sa première entrée dans la salle d'un restaurateur. « Alléché par la longue nomenclature des mets étalée sur la carte, vous croyez faire une chère délicate et succulente ; mais la petite quantité de ce qu'on vous sert ne fait qu'aiguiser votre appétit. Il semble que les restaurateurs se plaisent à vous faire mâcher à vide, en vous offrant des mets exquis, mais exigus quand ils vous les servent. On pourrait comparer ces excellens cuisiniers à ce personnage des *Mille et une Nuits*, qui régalait ses convives avec des mets imaginaires, qu'il leur vantait beaucoup, et qu'il feignait d'avoir devant lui : mais la comparaison choquerait furieusement, en ce que le barmécide réalisait ensuite son repas chimérique; au-lieu que les restaurateurs sont loin de tenir leurs magnifiques promesses. La première fois que j'y mangeai, je pris les mets qu'on me servit pour des échantillons du dîner qui m'était réservé, et j'attendais toujours qu'on m'apportât *en grand et solidement* ce que j'avais demandé ; on eut bien de la peine à me faire connaître mon erreur, et à me persuader que j'avais dîné copieusement (1).»

Il se passa chez un fameux restaurateur une scène fort singulière. Comme un particulier s'y régalait de bon appétit, un autre entra, et se plaça vis-à-vis de lui, de l'autre côté de la salle. A peine apperçoit-il ce dernier arrivé, qu'il se met à gronder entre ses dents et dit à ses voisins qu'il ne conçoit pas comment on

(1) Les restaurateurs ont toujours la vogue. « On continue, dit l'auteur de l'almanach des » Gourmans (année 1808), d'aller isolément » et tristement chez les restaurateurs, où cha- » cun, assis à une petite table, et séparé des » autres, consomme en silence sa portion, » sans se mêler de ce que dit ou fait son voisin. » Si le proverbe qui dit que les *morceaux* » *caquetés* se digèrent mieux que les autres, » est vrai, par une conséquence toute naturelle, » la digestion de tous ceux qu'on mange chez » les restaurateurs, doit être lente et diffi- » cile. »

souffre

souffre des gens de cette espéce. Il appelle; le garçon s'excuse; le maître s'approche, et il continue ses plaintes sur le mauvais choix des commençaux; car, ajouta-t-il, voici le bourreau d'Amiens. Il a raison, s'écrie alors le dernier arrivé, personne ici ne peut mieux me connaître que lui; il n'y a pas long-temps que j'ai travaillé sur ses épaules.

On vit à meilleur marché et d'une manière plus substantielle chez les traiteurs. Mais, depuis quelque temps, la plupart d'entre eux s'attachent à parodier les restaurateurs leurs rivaux, et sont trop souvent au-dessous de leurs modèles. La carte qu'ils vous présentent n'est qu'un vrai leurre, attendu qu'elle contient la liste de mets qui n'ont jamais existé dans leur cuisine. Un de ces traiteurs *intraitables*, pour attirer son monde et se faire des pratiques, ne devait jamais avoir que le lendemain ce que vous desiriez, ou bien vous arriviez trop tard pour profiter de ce qu'il y avait eu de meilleur chez lui ; il avait grand soin de montrer, à ceux qui venaient pour la première fois dans son auberge, une carte de la veille, disait-il, où il paraissait que le jour d'auparavant on avait fait bonne chère chez lui. Vous étiez trop heureux d'avoir ensuite un bouilli détestable et un ragoût plus détestable encore.

Un traiteur, rue Saint-Victor, près le jardin des Plantes, mit ce vers au bas de son enseigne :

Bien mieux qu'un médecin nous conservons la vie.

Il aurait eu raison, si lui et ses pareils ne faisaient manger que des choses bien saines. Aussi, nous pensons que ce vers serait plus juste, s'il était rapporté de la sorte :

Bien mieux qu'un médecin nous abrégeons la vie.

Les rôtisseurs et les pâtissiers offrent la facilité d'avoir une bonne table sans sortir de chez soi. Il est vrai qu'il y a telles pièces de volaille et de pâtisserie qui retournent à la broche ou au four plus d'une fois.

Les marchands de vin, depuis quelques années, se mettent sur le pied de donner à manger. Un auteur du XVIIe. siècle semble avoir écrit dans le nôtre, quand il dit : « Les cabaretiers sont en si grand nombre dans Paris, qu'ils peupleraient une grande ville; ils sont presque tous autant de saints, par la vertu qu'ils ont d'augmenter cette liqueur, en changeant l'eau en vin. »

Il est rare à Paris de se procurer du vin qui ne soit point frelaté. Le plus honnête cabaretier est celui qui débite une liqueur moins meurtrière, c'est-à-dire abondamment coupée avec de l'eau de puits. Ceux qui travaillent leurs vins avec le plomb, donnent lieu aux accidens les plus fâcheux. Il y a des marchands qui font du vin, à Paris, avec une certaine quantité de vinaigre, et de l'eau, dans laquelle on a fait bouillir du bois de teinture. Les vins blancs s'y fabriquent avec du cidre ou du poiré ; on les aiguise avec de l'eau-de-vie ; le bouchon saute, la liqueur fume, et le peuple croit savourer du Champagne. Tous les vins de Paris sont un mélange de celui du Roussillon et de celui d'Orléans; les marchands les plus consciencieux s'en tiennent à cet amalgame, et ils appellent pompeusement cette liqueur *du Bourgogne*. Quelqu'un allant chercher dans un cabaret une bouteille de vin à douze sous, n'y trouva qu'une petite fille de sept à huit ans, qui lui dit : « Nous n'en avons plus à ce prix-là ; mais attendez un moment, mon papa va vous en faire. »

On est étonné de la prodigieuse quantité de cafés que l'on remarque dans Paris, où l'on en compte jusqu'à trois mille, tandis qu'au XVIIe. siècle ils n'étaient que deux cents cinquante. Il est peu de communauté qui ait souffert autant de variations que celle-ci. Instituée en 1676, elle fut supprimée en 1704; puis rétablie en 1705; supprimée de nouveau en 1706; rétablie en 1713; supprimée pour la troisième fois en 1775, avec toutes les autres maîtrises; et enfin réinstituée quelques mois après, jusqu'à la révolution qui a de nouveau détruit toutes les maîtrises et jurandes.

Les cafés sont le refuge ordinaire des oisifs et l'asile d'une certaine classe d'indigens; ils s'y chauffent l'hiver pour épargner le bois chez eux. Dans quelques-uns de ces cafés on tenait autrefois bureau de bel esprit; on y jugeait les ouvrages nouveaux, les pièces de théâtre; maintenant on y disserte sur les gazettes, on y déraisonne sur la politique, on y joue au domino, aux dames, aux échecs. Ce dernier jeu est principalement en usage au café de la Régence, place du Palais-Royal; c'est-là que s'assemblent les meilleurs joueurs. On y voyait autrefois le celèbre Philidor, le plus habile joueur d'échecs qu'il y eût en France, et peùt-être en Europe; tout en jouant sa partie, il en conseillait une autre, et deux parties de dames à la polonaise, et les gagnait toutes les quatre.

Au sujet du jeu de dames à la polonaise, on peut citer l'anecdote suivante, qui est très-vraie. Un jeune enfant allait dans les cafés pour y vendre des cure-dents; le premier garçon du café militaire, rue Saint-Honoré, conçut pour lui un tendre intérêt, et lui apprit à jouer aux dames polonaises. Il profita si bien des leçons de son maître, qu'il devint à ce jeu un des premiers virtuoses de l'Europe. Il y gagna un revenu de mille écus, et fut long-temps fameux sous la dénomination de *Marchand de cure-dents.*

On vit, à la foire Saint-Ovide, dans un café, en 1771, un concert des plus burlesques, composé d'aveugles (1). L'orchestre était formé de huit personnes, vêtues d'une robe longue, et portant de grands bonnets pointus. Un neuvième aveugle, monté sur un paon, suspendu en l'air, battait la mesure (hors de mesure); il avait, de même que ses camarades, une robe rouge, des sabots à ses pieds, un grand bonnet, avec des oreilles d'âne, et un livre de musique ouvert devant lui. Il chantait des vaudevilles plaisans, en s'accompagnant ridiculement du violon, et les autres aveugles répétaient en chorus le refrein des couplets d'une manière tout-à-fait grotesque.

L'année suivante, à l'imitation du concert des aveugles, on eut, à la même foire, le *Café des Nymphes*. Les

---

(1) Il existe encore un *Café des Aveugles*, au Palais-Royal, au-dessous du café Italien. L'orchestre y est spécialement composé d'aveugles, parmi lesquels se trouvent de très-bons violons.

chanteurs et les chanteuses portaient d'énormes coiffures à la grecque, frisure bisarre, assez semblable à celle qui, depuis, fut appelée au *Hérisson* (1).

Les maîtres des cafés portent, à Paris, le titre de limonadiers; comme la limonade n'est pas la boisson qu'on trouve principalement chez eux, on devrait plutôt les appeler cafetiers. Les boissons qui se débitent chez ces sortes de marchands, n'étant pas naturelles, sont toutes susceptibles de fraude. La limonade sur-tout peut n'être qu'une eau sucrée, rendue acide par le vitriol. Les liqueurs, l'eau-de-vie, sont souvent aiguisées par le poivre long; l'orge et la croûte de pain brûlée remplacent la fève

---

(1) La foire Saint-Ovide commançait au premier septembre, et durait environ six semaines. Elle tenait d'abord dans la place Vendôme, et fut transférée ensuite dans celle de Louis XV, présentement place de la Concorde.

du Moka. Mais ce qui est encore plus dangereux, il est assez rare qu'on fasse de bonnes connaissances dans les cafés, et il est très-ordinaire d'y en faire de mauvaises (1).

Le café est extrêmement à la mode; on le dit très-souverain contre la tristesse. Aussi, une dame apprenant que son mari venait d'être tué dans une bataille : « Ah ! malheureuse que je suis ! s'écria-t-elle, vîte qu'on m'apporte du café. » Elle en prit plusieurs tasses, et fut aussitôt consolée. A Londres, le café est très-mauvais, et le gouvernement en gêne le débit, quoique la mélancolie des Anglais eût le plus grand besoin de ce breuvage.

L'usage en fut introduit, à Paris, par Soliman Aga, ambassadeur de la Porte, auprès de Louis XIV, en 1669. Quelques années après, un nommé Pascal,

---

(1) Les Numéros Parisiens.

Arménien, établit un café à la Foire Saint-Germain, et eut bientôt un grand nombre d'imitateurs, entr'autres le fameux Procope, Sicilien. Dans les commencemens, cette fève se vendit jusqu'à quarante écus la livre. On ne connut pas tout de suite les moulinets pour la moudre quand elle était rôtie; on la réduisait en poudre en la pilant, et cette poudre, on la passait ensuite par un tamis fin, parce qu'en France on la voulait très-déliée, à la différence des Turcs, qui la demandent fort grossière. Quand la mode du café anglais s'établit, on le fit au lait pur. Cette méthode dura fort long-temps. C'est à la célèbre marquise de Sévigné qu'est dû l'usage adopté presque généralement aujourd'hui, de le faire d'abord à l'eau, avant d'y mêler du lait ou de la crême.

La bavaroise ne remonte guère que vers le milieu du XVIIe. siècle, et elle est due aux princes de Bavière, lorsqu'ils vinrent en France. Pendant le séjour qu'ils firent dans la capitale, ils allaient souvent prendre du thé chez Procope; mais ils demandaient qu'on le leur servît dans des caraffes de cristal; et, au-lieu de sucre, ils y faisaient mettre du sirop de capillaire. La boisson nouvelle fut appelée bavaroise, du nom de ces princes. On l'adopta dans les cafés, sans autre changement que d'y joindre quelquefois du lait (1).

Les cafés ont succédé aux cabarets, et leur règne commence à passer de mode; vainement un limonadier, dans le Palais-Royal, pour attirer la foule, s'avisa d'établir le *Café des Machines*, où, sans qu'il parût un seul garçon, vous étiez servi comme par enchantement, au moyen d'une ouverture pratiquée dans les tables; ce que vous demandiez montait soudain sur

(1) Vie privée des Français, par M. Legrand-d'Aussy.

une espèce de guéridon, et disparaissait de même. Mais bientôt cette nouveauté eut le sort de toutes les autres, on s'en dégoûta, et ce merveilleux café ne fut plus que le rendez-vous de *quelques machines.*

FIN DU PREMIER VOLUME.

www.ingramcontent.com/pod-product-compliance
Lightning Source LLC
Chambersburg PA
CBHW060507170426
43199CB00011B/1364